Veit-Jakobus Dieterich
in Verbindung mit Karin Bassler

Gerechtigkeit

Schülerheft

Oberstufe Religion
Herausgegeben von Veit-Jakobus Dieterich und Hartmut Rupp

Calwer Verlag Stuttgart

Inhalt

ISBN 978-3-7668-4085-1

Umschlaggestaltung: Rainer E. Rühl, Alsheim
Titelbild: Rogier van der Weyden: Jüngstes Gericht (um 1450 – Ausschnitt).
Foto: akg-images, Berlin.
Herstellung: Karin Klopfer, Calwer Verlag
Satz und Reproduktion: MedienTeam Berger, Ellwangen
Druck: studiodruck Brändle GmbH, Nürtingen

A Ist das gerecht?

Ugo Rondinone: heyday, 1995. © Galerie Walcheturm, Zürich.

1. Arm und reich

Gerecht ist, wenn wir Geld und etwas zu essen schicken – Johannes, 7 Jahre

Gerecht ist, wenn wir in Europa den Kindern in Afrika Geld und etwas zu essen schicken. Mein Opa war mal in Tunesien und hat dort Kinder gefilmt, die barfuß auf der Straße spielten. Das muss doch wehtun, so ganz ohne Schuhe! Spielzeug haben die auch nicht gehabt und nur ganz wenig zum Anziehen.
Ein ganz ungerechter Mensch ist jemand wie der Schinderhannes, der mit seiner Räuberbande Leute überfällt oder entführt. Ich finde es gerecht, dass er am Ende gefangen wird, aber ungerecht, dass ihm der Kopf abgeschlagen wird. Ein paar Jahre im Kerker bei Wasser und Brot und ein bisschen Wurst und Käse hätten gereicht.

Johannes Ott-Thiel, Saarbrücken; in: GEO 10/2007, S. 72.

Bei Gerechtigkeit denke ich zuerst an Ungerechtigkeit – Wanja, 16 Jahre

Bei Gerechtigkeit denke ich zuerst an Ungerechtigkeit – daran, dass es Arm und Reich in der Welt gibt. In der Dritten Welt müssen Menschen oft für sehr wenig Geld hart arbeiten, damit wir uns hier zum Beispiel preiswerte Klamotten kaufen können. Das ist eine Ungerechtigkeit, von der wir sogar noch profitieren. Gerechtigkeit hat viel mit Ausgleich und Wiedergutmachung zu tun. Für mich ist Robin Hood eine gerechte Gestalt: jemand, der das Geld von den Reichen nimmt und es den Armen gibt.

Wanja Rothmann, Düsseldorf; in: GEO 10/2007, S. 70.

Ich habe alle Regeln als ungerecht empfunden – Karl, 20 Jahre

Ich bin mit 14 Jahren in ein Jugendheim gekommen, weil meine Eltern große Probleme mit sich selbst hatten. Das war sehr hart für mich – ich habe alle Regeln im Heim als ungerecht empfunden. Sobald ich volljährig war, bin ich dort ausgezogen und habe versucht, meine Freiheit auszuleben, mit allem, was für mich dazu gehörte – Musik, Drogen, Alkohol. Lange ging das aber nicht gut, ich wurde schon bald bei meiner Arbeit gefeuert. Zu Recht, wie ich mittlerweile finde.
Trotz der vielen harten Erfahrungen, die ich gemacht habe, glaube ich nicht, dass das Leben ungerecht ist. Auch aus den schwersten Erfahrungen kann man lernen und hat dann vielleicht sogar einen kleinen Vorteil.

Karl Booth, Sigmaringen; in: GEO 10/2007, S. 67.

Friedrich-Ebert-Stiftung: Die »Drei-Drittel-Gesellschaft«

■ *Eine von der SPD-nahen Friedrich-Ebert-Stiftung in Auftrag gegebene repräsentative Umfrage erhob im Jahr 2006 die Einstellung von rund 3000 wahlberechtigten Deutschen zu den gesellschaftlichen Reformen und deren Auswirkungen auf ihre eigene Situation.*

Die neun »Politischen Typen«:
Die Untersuchung kommt zu neun »Politischen Typen« nach ihren politischen Wertevorstellungen und Einstellungen:
Die **Leistungsindividualisten** (11% Anteil an der Wahlbevölkerung) sind Gegner staatlicher Eingriffe und wollen eine Gesellschaft, die sich in erster Linie am Leistungsprinzip orientiert. Zwei Drittel sind männlich. Politisch bevorzugen sie das bürgerliche Lager und überdurchschnittlich die FDP.
Die **Etablierten Leistungsträger** (15%) repräsentieren vor allem das kleinstädtische gehobene (liberal-)konservative Milieu. Sie sind stark leistungsorientiert, elitebewusst und haben eine überdurchschnittliche Bindung an die Union.
Die **Kritischen Bildungseliten** (9%) stellen die politisch am weitesten links stehende, jüngste und zugleich qualifizierteste Gruppe dar. Die Kritischen Bildungseliten haben den höchsten Anteil partei- und gesellschaftspolitisch Aktiver. Über vier Fünftel von ihnen wählen eine der drei linken Parteien, die gegenwärtig im Deutschen Bundestag vertreten sind.
Das **Engagierte Bürgertum** (10%) ist ein weiteres, wenn auch stärker bürgerliches rot-grünes Kernmilieu. Frauen sowie qualifizierte Beschäftigte im öffentlichen Dienst sowie soziokulturelle Berufe sind stark überdurchschnittlich vertreten. Von allen Typen wird die SPD vom Engagierten Bürgertum am besten bewertet.
Die **Zufriedenen Aufsteiger** (13%) stehen für eine leistungsorientierte moderne Arbeitnehmermitte. Sie kommen überwiegend aus einfacheren Verhältnissen, nehmen aber nun durch ihren eigenen Aufstieg eine Position in der gesellschaftlichen Mitte ein. Politisch neigen sie überproportional zur Union, ein gutes Drittel tendiert aber auch zur SPD.

Chrismon: Wann haben Sie zum ersten Mal in Ihrem Leben gedacht, etwas sei ungerecht?
Hengsbach: Das war in der Schulzeit. Da wurden oft Kollektivstrafen verhängt, weil die Klassengemeinschaft solidarisch war mit einem, der irgendetwas Falsches gemacht hatte. Aber er wurde nicht verraten.
Chrismon: Was ist denn heute für Sie ungerecht?
Hengsbach: Jede ungleiche Behandlung, deren Sinn man nicht durchschaut. Und die man deshalb als willkürlich ansieht. [...] Es geht aber nicht nur darum, ob einer die Regeln verletzt. Die Frage ist auch: Stimmen die Regeln, die darüber entscheiden, ob etwas richtig oder falsch ist?

Der Theologieprofessor Friedhelm Hengsbach in einem Interview mit der Zeitschrift »chrismon«

Die **Bedrohte Arbeitnehmermitte** (16%) repräsentiert die vor allem (klein-)städtische und stärker industriell geprägte Arbeitnehmerschaft. Hinsichtlich der Parteipräferenz ist eine starke SPD-Orientierung festzustellen, allerdings gibt es auch eine Offenheit für die Union und zunehmend (aus Enttäuschung über die SPD) für die Linkspartei.
Die **Selbstgenügsamen Traditionalisten** (11%) sind von allen Gruppen am stärksten auf die beiden Volksparteien ausgerichtet. Sie sind stark an Konventionen orientiert und wollen einen regulierenden Staat. Der Politik wird wenig Vertrauen entgegengebracht, auch, weil viele Prozesse nicht mehr verstanden werden.
Die **Autoritätsorientierten Geringqualifizierten** (7%) sind die am stärksten autoritär-ethnozentristisch eingestellte Gruppe. Aus meist einfachen Verhältnissen kommend, wurde ein »Aufstieg im Kleinen« erreicht. Ihre überdurchschnittliche Zustimmung zur SPD geht einher mit einer fundamentalistischen Ablehnung der Grünen und ihrer politischen Vorstellungen.
Das **Abgehängte Prekariat*** (8%) ist geprägt von sozialem Ausschluss und Abstiegserfahrungen. Diese Gruppe hat einen hohen Anteil berufsaktiver Altersgruppen, weist den höchsten Anteil an Arbeitslosen auf und ist zugleich ein stark ostdeutsch und männlich dominierter Typ. [...] Nichtwähler sind ebenso überproportional vertreten wie Wähler der Linkspartei und rechtsextremer Parteien.

Zusammenfassung: Die »Drei-Drittel-Gesellschaft«
Alles in allem zeigt sich das Bild einer Drei-Drittel-Gesellschaft. Die Menschen im »oberen« Drittel haben recht gesicherte Chancen und Lebensperspektiven. Allerdings ist dieses Drittel politisch gespalten zwischen eher linksliberalen (Kritische Bildungseliten, Engagiertes Bürgertum) und liberalkonservativen (Leistungsindividualisten, Etablierte Leistungsträger) Gruppen. In der »Mitte« der Gesellschaft ist die Verunsicherung längst angekommen. Je nachdem wie die eigenen Chancen aussehen und die politischen Orientierungen sind, stehen die Gruppen dem Wandel aufgeschlossen (Zufriedene Aufsteiger) oder skeptischer (Bedrohte Arbeitnehmermitte) gegenüber. Im »unteren« Bereich (Selbstgenügsame Traditionalisten, Autoritätsorientierte Geringqualifizierte) wächst die Unzufriedenheit mit den gesellschaftlichen Realitäten und der Politik sowie das Risiko der sozialen und politischen Abkopplung (Abgehängtes Prekariat). In allen drei Dritteln gilt jedoch, dass bestimmte Grundwerte wie »soziale Gerechtigkeit« besonders wichtig sind. Die (nicht einfache) strategische Herausforderung liegt darin, die solidarischen Gruppen im oberen Teil der Gesellschaft, die verunsicherte Arbeitnehmermitte und die erreichbaren Gruppen im unteren Bereich politisch zu integrieren.

Gerd Neugebauer: Politische Milieus in Deutschland. Die Studie der Friedrich-Ebert-Stiftung, J. H. Dietz Verlag, Bonn 2007, S. 68ff. Abgedruckte Kurzfassung nach www.tagesschau.de, 5. 12. 2006.

**Prekariat = Eine neue Wortschöpfung für »ungeschützte Arbeitende und Arbeitslose« als soziale Gruppierung.*

2. Vorrangige Option für die Armen

Die Kirchen: Vorrangige Option Gottes für die Armen, Schwachen und Benachteiligten

■ *Verbindliche und ausführliche öffentliche Stellungnahmen zu grundlegenden Themen werden auf evangelischer Seite in der Regel durch Rat oder Synode der Evangelischen Kirche in Deutschland, auf katholischer durch die deutsche Bischofskonferenz herausgegeben. 1997 nahmen beide großen Kirchen gemeinsam in einem öffentlichen »Sozialwort« von Bibel und Theologie her zum Thema »Gerechtigkeit« und zur gegenwärtigen sozialen Lage in Deutschland Stellung.*

Die christliche Nächstenliebe wendet sich vorrangig den Armen, Schwachen und Benachteiligten zu. So wird die Option für die Armen zum verpflichtenden Kriterium des Handelns. Die Erfahrung der Befreiung aus der Knechtschaft, in der sich Gottes vorrangige Option für sein armes, geknechtetes Volk bezeugt, wird in der Ethik des Volkes Israel zum verbindlichen Leitmotiv und zum zentralen Argument für die Gerechtigkeitsforderung im Umgang mit den schwächsten Gliedern der Gesellschaft: Das Recht der Armen wird begründet mit der Erinnerung an die Rettung aus der Sklaverei: »Du sollst das Recht von Fremden, die Waisen sind, nicht beugen. Du sollst das Kleid einer Witwe nicht als Pfand nehmen. Denk daran: Als du in Ägypten Sklave warst, hat dich der Herr, dein Gott, dort freigekauft. Darum mache es dir zur Pflicht, diese Bestimmung einzuhalten« [Dtn / 5. Mose 24,17f.]. Besonders eindringlich prangern die Propheten Ungerechtigkeit, Ausbeutung und Unterdrückung an. [...]
In der Gerichtsrede des Matthäusevangeliums gewinnt der Zusammenhang zwischen der Option Gottes für die Armen und dem gerechten Tun der Menschen sehr konkreten Ausdruck. Jesus Christus macht die Entscheidung über die endgültige Gottesgemeinschaft der Menschen abhängig von der gelebten Solidarität mit den Geringsten: »Amen, ich sage euch: Was ihr für einen meiner geringsten Brüder getan habt, das habt ihr mir getan« (Mt 25,40). Die versöhnliche Begegnung mit den Armen, die Solidarität mit ihnen, wird zu einem Ort der Gottesbegegnung.

In der vorrangigen Option für die Armen als Leitmotiv gesellschaftlichen Handelns konkretisiert sich die Einheit von Gottes- und Nächstenliebe. In der Perspektive einer christlichen Ethik muss darum alles Handeln und Entscheiden in Gesellschaft, Politik und Wirtschaft an der Frage gemessen werden, inwiefern es die Armen betrifft, ihnen nützt und sie zu eigenverantwortlichem Handeln befähigt. Dabei zielt die biblische Option für die Armen darauf, Ausgrenzungen zu überwinden und alle am gesellschaftlichen Leben zu beteiligen.

Kirchenamt der Evangelischen Kirche in Deutschland / Sekretariat der Deutschen Bischofskonferenz (Hrsg.): Für eine Zukunft in Solidarität und Gerechtigkeit. Hannover / Bonn 1997, S. 44f. (gekürzt).

Martin Disler: Ohne Titel, 1996. © Kunstmuseum Basel, Kupferstichkabinett. Foto: Martin P. Bühler.

Ich mache das Recht zur Richtschnur
und die Gerechtigkeit zur Waage.

Jesaja 28,17

Ach, dass du auf meine Gebote geachtet hättest,
so würde dein Friede sein wie ein Wasserstrom
und deine Gerechtigkeit wie Meereswellen.

Jesaja 48,18

3. Ein Gang durch das Heft

Ich bilde mir meine eigene Meinung ...

- O Was gerecht ist, ist keineswegs eindeutig. Man kann darüber unterschiedlicher Meinung sein und lange, trefflich und heftig streiten ...
- O Was gerecht ist, steht eindeutig fest. Dass es in unserer Welt oft sehr ungerecht zugeht, ist leider wahr; vieles muss geändert und manches auf den Kopf gestellt werden, wenn es einmal gerechter zugehen soll ...

Vielleicht enthalten beide Ansichten ein Körnchen Wahrheit. Die Antwort auf die Gerechtigkeitsfrage ist offen, aber keineswegs beliebig. Nicht alle Meinungen haben Recht, aber auch nicht nur eine einzige. Wir haben versucht, beiden Seiten gerecht zu werden, der Offenheit und der Eindeutigkeit. Dies zeigen etwa die beiden einleitenden Kapitel in Block A.

- ➤ *Was ist gerecht? – Wir können darauf unterschiedliche Antworten finden (Kap. 1; S. 3 und 4).*
- ➤ *Die Bibel bezieht eindeutig Position für die Armen – so sagen die beiden großen Kirchen in Deutschland (Kap. 2; S. 5).*

Ich lasse mich nicht zutexten ...
Die Texte sollen niemanden »erschlagen«. Wir haben es deshalb vermieden, allzu lange Textpassagen abzudrucken. Die aufgenommenen Texte aber halten wir für wichtig. Sie können die Diskussion und Meinungsbildung anregen. Und wir haben versucht, sehr unterschiedliche Arten von Texten aufzunehmen, so dass alle zu ihrem Recht kommen:

Die **Jugendzentrierten** sind – tatsächlich mit einigem Recht – der Meinung, die Heranwachsenden hätten häufig das feinste Gespür für Ungerechtigkeit und würden sich – etwa im Zivi oder einem FSJ – am meisten für Gerechtigkeit engagieren. Beispiele S. 57 und 69.

- ➤ Leander D.: Meine Zeit als Zivi.
- ➤ Ronja G.: Nach dem Abitur nach Mexiko zum FSJ.

Die **Diskussionsfreudigen** finden viele Quellentexte, die völlig unterschiedliche, ja oft gegensätzliche Positionen vertreten (häufig auf einer Seite in zwei Spalten nebeneinander) und damit eine offene Diskussion ermöglichen. Als Beispiel S. 62.

- ➤ Keynes: Der Staat soll sich in die Wirtschaft einmischen, damit es gerecht zugeht.
- ➤ Friedman: Der Staat soll sich aus der Wirtschaft raushalten, damit alle frei sind.

Die **ökonomisch Interessierten** ziehen eine Statistik jeder ausformulierten Abhandlung vor. Wir haben nur wenige Beispiele ausgewählt, weil Statistiken schnell veralten und hier das Heft gut durch einen Blick ins Internet ergänzt werden kann. Beispiele S. 64 und 50.

- ➤ Weltbank: »Der Arme« / »Der Reiche« weltweit.
- ➤ Zahlen zur Einkommens- und Vermögensverteilung in Deutschland.

Die **Exakten**, die klare Definitionen lieben, kommen ebenso auf ihre Kosten wie die phantasievollen **Gedankenakrobaten**. Beispiele S. 60 und S. 65.

- ➤ Malik: Was heißt »Globalisierung«?
- ➤ Unruh: Das billige Hemd.

Die **Nachdenklichen** und **Tiefschürfenden** finden zentrale Texte der alten und der gegenwärtigen Philosophie, die **Rechtsbewussten** Infos zu Rechtsfragen. Beispiele S. 9 und S. 52.

- ➤ Aristoteles: Arten von Gerechtigkeit.
- ➤ Art. 20 GG: Die Bundesrepublik Deutschland ist ein demokratischer und sozialer Bundesstaat.

Die **religiös Aufgeschlossenen** finden Aussagen aus der Bibel (Block B) und von christlichen Theologen, aber auch von Vertretern anderer Religionen. Beispiele S. 13, 14, 19 und 74.

- ➤ Amos: Hört dies Wort, ihr fetten Basanskühe.
- ➤ Jesus: Siehst du darum scheel, dass ich so gütig bin?
- ➤ Luther: Gott macht die Menschen gerecht.
- ➤ Dalai Lama: Das Wohl der anderen.

Die **Friedlichen** und die **Kämpferischen** kommen dadurch auf ihre Kosten, dass beide Lösungen vorgestellt werden, radikale, revolutionäre und gewaltlose, pazifistische. Beispiele auf S. 66.

- ➤ Zapatisten (Mexiko): Zehn Jahre des Krieges.
- ➤ Mapuche (Chile): Gewaltlose Aktionen.

Die **Poetischen** können sich an manchem Auszug aus einem Roman oder einem Essay erfreuen. Und die Formulierungskünstler werden Gefallen haben an den pointierten Kurz-Zitaten (sie sind blau unterlegt). Beispiele S. 80 und S. 74.

- ➤ Juli Zeh: Beide begehrten das Gleiche: Gregor die Anwesenheit, Füsser die Abwesenheit von möglichst viel Geld.
- ➤ Laotse: Reich ist, wer weiß, dass er genug hat.

Vielleicht sind Sie auch von allem ein bisschen. Das wäre ja nahezu ideal. Dann würden Sie möglicherweise die unterschiedlichen Anliegen und Angebote des Heftes würdigen und es auch selbständig weiterentwickeln. Denn dazu ist es da: Nicht als feststehendes Lehrbuch, sondern als Materialheft, das Ihnen einen Fundus an hoffentlich anregenden Texten und Bildern bietet, mit deren Hilfe Sie Ihre eigenen Meinungen und Kenntnisse weiterentwickeln und entfalten können.

Dem Thema »Gerechtigkeit« gerecht werden ...
Das Heft greift aus den vielen Facetten »Gerechtigkeit« in (paarweise geordneten) Blöcken folgende Aspekte auf:

- O Gerechtigkeit früher: Bibel/Geschichte (B und C).
- O Ethik und Gerechtigkeit im Allgemeinen / Menschenrechte im Besonderen (D und E).
- O Gerechtigkeit heute – in unserem Land (F, auch A) wie auf der ganzen Erde (G und H).

Die **zentralen Texte** zu jedem Block sind durch die farbige Hervorhebung der Überschrift kenntlich gemacht.

Ich will mir selbst ein Bild machen …

Bilder anschauen kann erst einmal Spaß machen und Neugier wecken: Was sehe ich? Wie finde ich die Farben, Formen, die Gesamtkomposition? Fordert mich die Darstellung heraus?
Meine *Emotionalität* ist angesprochen: Welche Eindrücke und Empfindungen weckt das Bild bei mir?
Aber auch meine *Spontaneität*: Welche Assoziationen und Gedanken fallen mir beim Anschauen ein?
Meine *Wahrnehmungsfähigkeit* ist gefragt: Was sehe ich genau? Wie würde ich einem blinden Menschen erzählen, was ich auf dem Bild sehe?
Und dann kann ich meinen scharfen *Verstand* einsetzen: Welche Aspekte thematisiert das Bild? Welche Interpretationen lässt es zu?

Zwei Dinge waren uns beim Auswählen der Bilder wichtig:
– Die Bilder wollen nicht plakativ sein, nicht irgendeine Aussage bloß illustrieren. Sie sind mehrdimensional, offen, unterschiedlich deutbar – vielschichtige Kunstwerke eben. Selbst da, wo es sich um Fotografien handelt oder um scheinbar realistische Darstellungen der Wirklichkeit, bilden die Werke die Welt nicht einfach ab, sondern wählen einen bestimmten Ausschnitt und präsentieren ihn in einer besonderen Weise. Sie wollen unsere normale Wahrnehmung eher in Frage stellen und rufen uns gleichsam zu: Hast du das schon einmal von dieser Warte her betrachtet? Ich zeige dir ein Stück Welt aus einer ganz bestimmten, vielleicht ungewohnten Perspektive! Schau genau hin …
– Und das Zweite: Die Bilder wollen die Aussagen der neben ihnen präsentierten Texte nicht einfach wiederholen. Auch hier gilt: Sie sind keine bloßen Abbildungen oder Illustrationen. Eher umgekehrt können die Bilder das ansprechen, was in den Texten eben nicht gesagt ist, sie können ihnen widersprechen, über sie hinausführen oder einfach eine eigene »Bildsprache« entwickeln. Denn Bilder haben gegenüber Texten einen »Mehrwert«: Sie sprechen unsere Sinne unmittelbar an … So lohnt es sich, die Bilder als eigenständige Medien auf uns wirken zu lassen. Aber natürlich können wir sie auch mit dem jeweiligen Thema in Beziehung setzen und in offener Weise deuten.
Nehmen wir zum Beispiel die vier Bilder in Block E über die ›Menschrechte‹:

Daniele Buetti zeigt eine Frau. Sie ist schön. Ihr Gesicht zeigt Verzierungen. Oder sind es Verletzungen? Nein, dazu sind die Markierungen zu gleichförmig, fast Ornamente. Doch sie scheinen nicht aufgeklebt, vielmehr direkt aus der Haut zu wachsen. Also doch eine Art Brandmarkung? – Man hätte auch eindeutigere Bilder wählen können zum Thema »Menschrechte«, doch wir haben uns absichtlich für ein Bild entschieden, das unsere Fantasie freisetzt, ohne uns zu zwingen.

Deutlicher wird **Bernhard Heisig** auf der nächsten Doppelseite: Er zeigt den Widerspruch zwischen dem Motto »Wir sind doch alle Brüder und (– halb verdeckt –) Schwestern« und der Realität plastisch auf: Hier die menschenfreundliche Parole – drumherum die Wirklichkeit mit (schmerz-)verzerrten Gesichtern, offenen (schreienden?) Mündern und teils nackten menschlichen Leibern. Doch sind das wirklich Abbildungen von Menschen – oder handelt es sich um riesige Puppen? Und wozu spielt die Musik den Marsch? Steht die Uhr bereits nach zwölf? Hier wird nichts verharmlost, vieles oder gar alles gesagt – und doch sind wir in unserer Stellungnahme zum Bild nicht fest fixiert.

Auf der nächsten Doppelseite scheint **Gil Shachar** den Schrecken, den uns Heisig einflößte, teils aufzunehmen, teils aufzuheben. Der Arm einer Toten? Nein, die Faust ist (im Schmerz?) verkrampft oder (in ohnmächtiger Wut?) geballt. Also die Hand eines Verletzten? Wem gehört der Arm – da fehlt ja jeder Körper! Und doch: Dieses gefährdete Leben ist aufgehoben, behütet, bewahrt von zwei starken und doch mitfühlenden Armen … Gefährdung und Rettung zugleich?

Zuletzt weist uns **Maurizio Cattelan** – diesmal auf ironische, spöttische oder auch sarkastische Weise – darauf hin, dass Rechtskataloge heute auch von der Natur und den Tieren handeln müssen.

Auch für sie ist es wichtig, festen Boden unter den Füßen behalten zu können …
Wir sehen: Die vier Bilder haben uns durch ein ganzes Thema hindurch geführt. Und uns möglicherweise Aspekte, Gefühle und Assoziationen eröffnet, die in dieser Weise und Eindrücklichkeit sprachlich kaum eingefangen werden können … Bilder »sprechen« zu uns eben auf ihre eigene, ganz andere Art und Weise.

B Gerechtigkeit zu biblischen Zeiten

»Wer kann sagen, er habe sich gegen keines der Gesetze verfehlt? Und gesetzt, du könntest es: Was ist es doch für eine beschränkte Unschuld, vor dem Gesetze gut zu sein! Wie vieles fordert die Gerechtigkeit, was alles auf den Tafeln der bürgerlichen Gesetze nicht steht!« – Diese Sätze des römischen Philosophen und Schriftstellers Lucius Annaeus Seneca (um 4 v. Chr.–65 n. Chr.) – eines Zeitgenossen von Jesus von Nazareth – zeigen, wie ernsthaft man sich in der Antike über die Frage der Gerechtigkeit Gedanken machte und dabei Rechtsgrundsätze aufstellte, die noch heute von Bedeutung sind. Doch erscheinen uns andererseits manche damaligen Zustände als extrem ungerecht, etwa die scharfe Trennung in freie Bürger und Sklaven oder die Abwertung der Fremden (Kap. 4). Solche Ausgrenzungen und Ungerechtigkeiten wurden im Gesetz (der Tora) Israels, bei Jesus und in der Jesus-Bewegung grundsätzlich kritisch gesehen. Der gerechte Gott will, so glaubte man hier, gerechte Verhältnisse in seinem Volk bzw. in seiner Gemeinde. Die Erwartung der Herrschaft Gottes bedeutete auch die Hoffnung auf eine umfassende Verwirklichung von Gerechtigkeit (Kap. 5 und 6).

4. Antikes Griechenland und Alt-Ägypten

In der Philosophie des alten Griechenland mit ihrem Dreigestirn Sokrates, seinem Schüler Platon und dessen Schüler Aristoteles, deren Denken unsere abendländische Kultur bis zur Gegenwart prägt, spielte die Frage nach der Gerechtigkeit eine wichtige Rolle.

Platon: Gyges und der Ring

■ *Der Philosoph Platon (427–348/347 v. Chr.) nimmt in seinem Hauptwerk »Der Staat« (Politeia) eine alte Geschichte als Gedankenexperiment auf. »Gyges«, der eine Art »Tarnkappe« findet (nämlich einen Ring, der ihn unsichtbar macht), führt uns zur Frage, wie sich ein Mensch verhalten würde, wenn er keine Strafe zu fürchten hätte …*

Nach dieser Entdeckung [des Ringes, der ihn unsichtbar macht,] habe er [Gyges] sogleich es dahin zu bringen gewusst, dass er einer der an den König Abgesendeten wurde. Da habe er denn dessen Weib zum Ehebruch verführt, habe in Gemeinschaft mit ihr dem Könige nachgestellt, ihn ermordet und sich der Herrschaft bemächtigt.
Wenn es nun zwei solcher Ringe gäbe und den einen der Gerechte sich ansteckte, den andern der Ungerechte, so wäre […] wohl keiner von so eherner Festigkeit, dass er bei der Gerechtigkeit bliebe und es über sich gewänne, fremden Gutes sich zu enthalten und es nicht zu berühren, trotzdem dass er ohne Scheu sogar vom Markte wegnehmen dürfte, was er wollte, und in die Häuser hineingehen und beiwohnen, wem er wollte, und morden und aus dem Gefängnis befreien, wen er wollte, und überhaupt handeln wie ein Gott unter den Menschen. Wenn er aber so handelte, so würde er nicht verschieden von dem andern verfahren, sondern beide gingen denselben Weg. Jedermann meint nämlich, dass die Ungerechtigkeit für den Einzelnen weit vorteilhafter sei als die Gerechtigkeit.

Platon: Der Staat. In: Sämtliche Werke, Lambert Schneider Verlag Berlin 1940, Bd. 2, S. 49f.

Robert Louis Stevenson: Dr. Jekyll und Mr. Hyde

■ *Ein Gedankenexperiment ähnlicher Art (wie bei Platon) spielt viel später der noch heute vor allem durch den Abenteuerroman »Die Schatzinsel« bekannte schottische Schriftsteller Robert L. B. Stevenson (1850–1895) in seiner Erzählung »Der seltsame Fall von Dr. Jekyll und Mr. Hyde« durch:*

Auf dem Gebiete der Moral, an meiner eigenen Persönlichkeit, lernte ich die absolute, unergründliche Zwiespältigkeit im Menschen erkennen. Ich sah, dass, wenn ich auch von den beiden Naturen, die im Bereiche meines Bewusstseins miteinander im Kampfe lagen, mit Grund behauptete, die eine zu sein, dies lediglich deswegen geschehen konnte, weil ich wahr und wahrhaftig beide war.
Ich sagte mir, dass, falls es gelänge, jede dieser beiden Naturen in gesonderte Persönlichkeiten zu verpflanzen, das Leben von all dem, was jetzt unerträglich war, befreit sein würde. Der Ungerechte könnte seinem Wege folgen, befreit von den Aspirationen und Gewissensbissen seines rechtschaffenen Zwillingsbruders, und der Gerechte könnte fest und sicher seinen aufwärts führenden Pfad schreiten, das Gute tun, das seine Freude bildet, fürder nicht mehr Schande und Strafe ausgesetzt durch die Hand dieses ihm wesensfremden Bösen. Es war der Fluch der Menschheit, dass diese inkongruenten Teile so miteinander verbunden waren – dass in dem qualdurchzuckten Schoße des Bewusstseins diese einander feindlichen Zwillinge ständig im Kampfe liegen mussten.
Was würde geschehen, wären sie geschieden?

Robert Louis Stevenson: Der seltsame Fall von Dr. Jekyll und Mr. Hyde, übersetzt von Grete Rambach, Insel Verlag, Frankfurt a. M., 2. Aufl. 2006.

Die schlimmste Art der Ungerechtigkeit ist die vorgespielte Gerechtigkeit. *Platon*

Gerechtigkeit wird nur dort herrschen, wo sich die vom Unrecht nicht Betroffenen genau so entrüsten wie die Beleidigten. *Platon*

Foto: © picture-alliance. Justitia mit sehenden …

Aristoteles: Nikomachische Ethik

■ *Der griechische Philosoph Aristoteles (384–322 v. Chr.) hat in einem seiner bekanntesten Werke, der wohl seinem Sohn »Nikomachos« gewidmeten Ethik, die Grundlagen seiner Sittlichkeitslehre entworfen. Besonders wichtig sind die aristotelischen Unterscheidungen und Definitionen geworden, die – mit Modifikationen – bis heute verwendet werden.*

a) Gerechtigkeit als höchste Tugend

Aristoteles unterscheidet rein persönliche Tugenden (wie etwa »Weisheit«) von solchen, die die zwischenmenschlichen Beziehungen angehen. Unter diesen ist die Gerechtigkeit die höchste, weil sie die Grundlage für ein geregeltes menschliches Zusammenleben bildet.

Die Gerechtigkeit ist vollendete Sittlichkeit überhaupt, allerdings nicht Sittlichkeit schlechthin, sondern Sittlichkeit wie sie sich in dem Verkehr mit anderen Menschen erweist. Im Sprichwort heißt es: »In der Gerechtigkeit ist jegliche Tugend enthalten.«

b) Gerechtigkeit im weiten und engeren Sinne

Aristoteles unterschied einen weiten Sinn von Gerechtigkeit in der Bedeutung von Beachtung der Gesetze von einem engen Sinn als Verwirklichung von Gleichheit.

Nun sei es ausgemacht, in wie vielen Bedeutungen das Wort »ungerecht« gebraucht wird: als ungerecht gilt 1. wer das Gesetz verletzt, ferner 2. wer für sich begehrt was zu viel ist, und somit ein Feind der Gleichheit ist. Dann ergibt sich daraus, dass gerecht heißen wird der, der das Gesetz beobachtet und der, der die Gleichheit wahrt. Das Ungerechte haben wir bestimmt als das, was wider das Gesetz und was wider die Gleichheit anläuft, das Gerechte dagegen als das, was dem Gesetz und der Gleichheit entspricht.

c) Austeilende und wiederherstellende Gerechtigkeit

Bei der Gerechtigkeit im engen, also auf Gleichheit zielenden Sinne unterscheidet Aristoteles wiederum zwei und dann noch einmal zwei Formen: die (A) aus- bzw. verteilende (= distributive) bei der Verteilung etwa von Ämtern sowie (B) die regelnde (= direktive, kommutative) Gerechtigkeit beim (Aus-)Tausch etwa von Waren. Der (Aus-)Tausch kann (B1) freiwillig erfolgen, also durch einen Vertrag; aber auch (B2) unfreiwillig (etwa bei Diebstahl). Dann muss das Unrecht durch die wiederherstellende bzw. ausgleichende (= korrektive) Gerechtigkeit wieder ausgeglichen werden.

Die eine Form der Gerechtigkeit im engeren Sinne und ebenso des Gerechten ist [A] diejenige, die beim Zuerteilen von Ehre, von Geld oder sonstigen Gütern zur Erscheinung kommt, an denen die Staatsangehörigen teilzuhaben berechtigt sind; denn darin kann es geschehen, dass der eine das Gleiche wie der andere, oder dass er Ungleiches empfängt. Eine [B] zweite ist die, die sich als regelnde im [geschäftlichen] Verkehr unter den Menschen betätigt. Von dieser letzteren gibt es wieder zwei Arten. Die [geschäftlichen] Beziehungen zwischen den Menschen beruhen teils [B1] auf freiem Wollen, teils [B2] sind sie nicht frei gewollte. Frei gewollt sind Geschäfte wie Kauf und Verkauf, Zinsdarlehen und Pfand, Leihe, Hinterlegung und Miete; man nennt sie frei gewollt, weil diese Geschäfte ihren Ursprung in freier Willensentscheidung haben. Zu den nicht frei gewollten gehören einerseits diejenigen, die aus heimlichen Vergehungen, wie Diebstahl, Ehebruch, Giftmischerei, Kuppelei, Verführung von Sklaven, Meuchelmord, falschem Zeugnis, andererseits diejenigen, die aus gewaltsamen Vergehungen, wie Misshandlung, Freiheitsberaubung, Totschlag, Raub, Verstümmelung, Verleumdung und Beleidigung entspringen. […] Darum versucht der Richter, aus dem Ungerechten in dieser Bedeutung, welches wider die Gleichheit verstößt, die Gleichheit wiederherzustellen.

Aristoteles: Nikomachische Ethik. Übers. von Adolf Lasson, Eugen Diederichs Verlag Jena 1909, S. 95–100.102 – leicht verändert.

… und verbundenen Augen. Foto: © Mauritiusimages/Super-Stock.

Geflügelte Ma'at auf der Namenskartusche Ramses III. (12. Jh. v. Chr.). Foto © akg-images, Berlin.

Früher als im antiken Griechenland bildete sich bereits in Alt-Ägypten eine grundlegende Vorstellung heraus, die nicht nur das Wesen und Handeln des Menschen im Blick hat, vielmehr die gesamte Grundstruktur und Ordnung der Welt: die Ma'at. Wie sie zu verstehen ist und in welchem Zusammenhang sie zum Begriff »Gerechtigkeit« steht, stellt der Ägyptologe Jan Assmann heraus.

Jan Assmann: Ma'at – Kultur oder Religion?

■ *Jan Assmann (eigentlich Johann Chr. Assmann), geb. 1938, ist emeritierter Professor für Ägyptologie in Heidelberg.*

Mit dem Konzept Ma'at hat eine vergleichsweise sehr frühe Kultur höchster Abstraktionsstufe einen Begriff geprägt, der menschliches Handeln und kosmische Ordnung miteinander verknüpft und damit Recht, Moral, Staat, Kult und religiöses Weltbild auf eine gemeinsame Grundlage stellt. Als Zentralbegriff des ägyptischen Denkens ist er unübersetzbar: Er steht und fällt mit dem ägyptischen Weltbild. Es scheint kaum eine Sprache zu geben, die ein Wort ähnlichen Bedeutungsumfangs kennt, denn es gibt keine Kultur bzw. Gesellschaft, die ein dem altägyptischen hinreichend ähnliches Weltbild ausgebildet hätte. Wir pflegen daher den Begriff unübersetzt zu lassen, was oft die beste Lösung ist, oder aber mit mehreren Wörtern zu umschreiben wie »Wahrheit, Gerechtigkeit, Weltordnung«, »vérité, justice, ordre«, »truth, justice, order« usw. Eine adäquate Umschreibung müsste natürlich wesentlich länger sein. Sie kann leicht den Umfang eines ganzen Buches annehmen, weil sie große Teile des Weltbildes rekonstruieren muss, in dessen Rahmen der Begriff, um den es geht, zentral ist.

Die ägyptische Ma'at Lehre bezieht sich auf den Ort des Individuums in der Gesellschaft, den Ort der Gesellschaft im pharaonischen Staat und den Ort des Staates im Kosmos. Als der Oberbegriff aller Bindungen und Verpflichtungen – gegenüber dem Mitmenschen, dem Staat und dem »Heiligen« – und als Oberbegriff aller Denken und Handeln steuernden Axiome [Grundsätze] entspricht sie dem, was am angemessensten als »ägyptische Religion« zu bezeichnen wäre.

Die Ma'at-Lehre ist eine »Religion«, aber eine heidnische, sie ist weltbezogen, innerweltlich und umfassend; als In- und Oberbegriff aller Normen, Verpflichtungen und Axiome, die das menschliche Leben in den sozialen und politischen Ordnungen des Zusammenlebens steuern, deckt sie sich mit dem, was auch »Kultur« genannt werden könnte, sie ist eine »symbolische Sinnwelt«, die alles Handeln und alle Ordnungen und Institutionen fundiert. »Religion« im strengen Sinne dagegen deckt sich keineswegs mit »Kultur«; sie wirkt im Gegenteil als eine kultur- und herrschaftskritische Instanz, sie konstituiert einen archimedischen Punkt*, von dem aus die politischen und sozialen Ordnungen veränderbar werden. Religionen »im strengen Sinne« setzen Religionen »im weiten Sinne« (von Kultur) voraus, sie finden sie vor und bauen in polemischer Abgrenzung auf ihnen auf. Daher kann man die beiden Typen von Religion mit Th. Sundermeier** als »primäre« und »sekundäre Religionserfahrung« unterscheiden. Das aussagekräftigste Beispiel für die Entstehung »sekundärer« Religion aus der Situation polemischer Abgrenzung bildet die Konstellation von Israel und Ägypten in der Exodus-Überlieferung [Exodus = Auszug aus Ägypten]. Diese Konstellation hat darüber hinaus bis heute, bis in die lateinamerikanische Befreiungstheologie hinein, geschichtsmächtig gewirkt und den fundierten Mythos für verschiedenste Befreiungsbewegungen abgegeben.

Jan Assmann: Ma'at. Gerechtigkeit und Unsterblichkeit im Alten Ägypten. Verlag C. H. Beck, 2. Aufl. 2006, S. 17–19 (gekürzt).

** Archimedischer Punkt = Ein außerhalb einer Sache gelegener gedachter Punkt – nach einem legendären Ausspruch des griechischen Mathematikers Archimedes (um 285–212 v. Chr.): »Gebt mir einen Platz, wo ich stehen kann, so will ich (mit einem Hebel) die Erde bewegen.«*
*** Theo Sundermeier ist als Kollege Assmanns emeritierter Professor für Religionswissenschaften in Heidelberg.*

Der HERR aber wird einem jeden seine Gerechtigkeit und Treue vergelten.

1. Samuel 26,23a

5. Israel

Im Gegensatz zum antiken Griechenland ging es im Alten Israel weniger darum, mit scharfer Logik Dinge zu unterscheiden und exakt zu definieren, als darum, Zusammenhänge wahrzunehmen: die Beziehung Gottes zu Israel (Bund) und die Gemeinschaft des Volkes untereinander. Für beides wird die Gerechtigkeit in ganz neuer Weise sehr wichtig.

Gerhard von Rad: Jahwes und Israels Gerechtigkeit

■ *Gerhard von Rad (1901–1971), Professor für Altes Testament in Heidelberg, ging in seiner zweibändigen Darstellung der »Theologie des Alten Testaments« auch auf den für das Weltbild des Alten Israel zentralen Begriff der »Gerechtigkeit« (hebr.: zedaka) ein:*

Es gibt im Alten Testament keinen Begriff von so zentraler Bedeutung schlechthin für alle Lebensbeziehungen des Menschen wie den der zedaka [Gerechtigkeit]. Er ist der Maßstab nicht nur für das Verhältnis des Menschen zu Gott, sondern auch für das Verhältnis der Menschen untereinander bis hin zu der belanglosesten Streiterei, ja auch für das Verhältnis des Menschen zu den Tieren und zu seiner naturhaften Umwelt. Zedaka kann man ohne weiteres als den höchsten Lebenswert bezeichnen, als das, worauf alles Leben, wenn es in Ordnung ist, ruht. Aber was ist damit gemeint? Lange Zeit hat sich die Theologie den Begriff unbefangen von ihren, d.h. ihren abendländischen, Voraussetzungen her erklärt. Mit der Übersetzung der lateinischen Bibel, der Vulgata (iustitia) und dem deutschen Wort »Gerechtigkeit« schien sein Inhalt gegeben, nämlich als Wohlverhalten des Menschen einer absoluten sittlichen Norm gegenüber, als eine Legalität [Gesetzmäßigkeit], die sich an der absoluten Idee der Gerechtigkeit normiert. [...]
[Aber] Jahwes Gerechtigkeit war keine Norm, sondern Taten, und zwar Heilserweisungen.
Auch der Einzelne durfte diese Gerechtigkeit Jahwes in Notzeiten erfahren und hatte sie im Danklied zu bekennen. [...] Auch das Zusammenleben der Menschen untereinander wurde ganz von dem Gesichtspunkt der Gemeinschaftstreue aus beurteilt. [...]
[Es] kann keine Rede davon sein, dass dieser alttestamentliche Begriff der Gerechtigkeit ein spezifisch forensischer [rechtlicher, juristischer] Begriff sei; er umspannt ja das ganze Leben der Israeliten, wo immer sie sich in einem Gemeinschaftsverhältnis vorfanden.
Vor allem schließt ein gemeinschaftstreues Verhalten weit mehr ein als eine bloße Korrektheit oder Legalität, d.h. eben Gerechtigkeit in unserem Sinn des Wortes. Dieses Aufeinander-angewiesen-sein forderte den Erweis von Güte, von Treue und – wie es die Lage gab – von hilfreichem Erbarmen dem Armen oder Leidenden gegenüber (Spr 12,10).

Gerhard von Rad: Theologie des Alten Testaments, Bd. 1, Die Theologie der geschichtlichen Überlieferungen Israels, Chr. Kaiser Verlag München 1962, S. 382–385. © Gütersloher Verlagshaus in der Verlagsgruppe Random House, München.

Franz Segbers: Sabbatökonomie

■ *Franz Segbers, geb. 1949, ist Alt-Katholischer Theologe und Professor für Sozialethik in Marburg (siehe auch S. 54).*

Die biblische Tradition enthält wirtschaftsethische Wertüberzeugungen, die sich auf die ursprüngliche Bestimmung der Ökonomie* zurückbesinnen: die Sorge für das ganze Haus, für die Lebens- und Produktionsgemeinschaft. Diese umfassende Sicht von Ökonomie bekommt das Ganze der Lebenswelt in den Blick: Ökonomie ist die Sorge für ein gutes und gerechtes Leben im Haus der Schöpfung. In den Blick kommen die Alten, die Arbeitslosen, die Schwachen, die Schöpfung.
Gott ist wie ein Ökonom, der für das Haus der Schöpfung, den oíkos, sorgt. Gott, der Ökonom, gibt in der Tora [im Gesetz] eine Hausordnung für den gerechten Umgang mit diesen Gütern. Der Haushalter Mensch vertritt den Haushalter Gott, und seine ökonomische Aufgabe ist es, den Haushalt Gottes treuhänderisch in Fürsorge für das Leben der Bewohner des Haushaltes zu verwalten. Die Hausordnung der Tora regelt, was gelten soll, damit ein Zusammenleben in Recht und Gerechtigkeit unter den Bewohner des Hauses möglich wird. Ökonomie ist nach biblischem Verständnis somit keineswegs die Lehre von der optimalen Gewinnerwirtschaftung, sondern die Sorge für ein gutes Leben und gerechtes Zusammenleben im Haus der Schöpfung.

Das Herz der biblischen Ökonomie ist der Sabbat. Man kann die Ökonomie der Bibel deshalb auch eine Sabbat-Ökonomie nennen. Das hebräische Wort Sabbat heißt ruhen, unterbrechen. Im Zentrum der biblischen Sabbat-Ökonomie steht also ein Paradox: Ein nicht-ökonomischer Begriff, der das Unterbrechen des Wirtschaftens zum Inhalt hat, definiert, was unter Ökonomie zu verstehen sei.
Der Sabbat ist die gelebte Alternative zu einer Ökonomie, deren Triebfeder Marx so beschrieben hat: »Akkumuliert, akkumuliert [häuft an], das ist Mose und die Propheten.« Die erste ökonomische Lektion der Bibel lautet: Nicht alles herausholen, ruhen lassen; möglichen Gewinn und Reichtum nicht realisieren.
Nach dem Vorbild der Sabbatruhe an jedem siebten Tag ist ein weiterer Rhythmus nachgebildet: Das Sabbatjahr. »Im siebten Jahr sollst du das Land brachliegen lassen und nicht bestellen« (Ex 23,10f.). Die Sabbatmaxime »Nicht das Letzte herausholen!« wird auf die Agrarproduktion angewandt.
Das Jobeljahr bestimmte, dass alle sieben Sabbatjahre, also alle fünfzig Jahre, ein jeder zu seinem Grund und Boden zurückkehren konnte. Akkumulation von Reichtum, Macht und Besitz werden regelmäßig rückgängig gemacht (Lev 25). Sabbat, Sabbatjahr und Jobeljahr sind wohldurchdachtes wirtschaftsethisches Befreiungsprogramm.

Franz Segbers: Biblische Impulse für eine theologische Wirtschaftsethik, in: Karl Martin u.a. (Hrsg.): Wirtschaft im Dienst des Lebens. Fenestra-Verlag Bad Harzburg / Wiesbaden 2004, S. 31–34 (gekürzt).

**Ökonomie: von griech.: oĩkos = Haus; nómos = Gesetz.*

Lucas Cranach d.Ä.: Zehn-Gebote-Tafel (1516). Lutherhalle Wittenberg. Foto: akg-images, Berlin.

Die Zehn Gebote – Der Dekalog

■ *Die Zehn Gebote, der Dekalog [griech.: Zehn-Wort], in der hebräischen Bibel zweimal in nicht identischen, doch sehr ähnlichen Fassungen überliefert (2. Mose = Exodus 20 sowie 5. Mose = Deuteronomium 5) stellen den Kern der insgesamt 613 alttestamentlichen Weisungen (der Tora) dar. Die Tora wird dabei von den Juden nicht als Sammlung knechtender Vorschriften, sondern als von Gott gegebene, beglückende Grundlage für ein gutes und gerechtes Zusammenleben der Menschen verstanden: »Wer sie [die Gebote] einhält, wird durch sie leben« (Lev 18,5):*

6 Ich bin **Adonaj**, deine Gottheit, weil ich dich aus Ägypten, dem Haus der Sklavenarbeit, befreit habe.
7 Für dich soll es keine anderen Gottheiten geben.
8 Mache dir kein Kultbild. […]
11 Trage den Namen **Adonajs**, deiner Gottheit, nicht zum Schaden auf deinen Lippen […].
12 Bewahre den Sabbat! Halte ihn heilig […].
16 Dein Vater und deine Mutter sollen für dich Gewicht haben […].
17 Töte nicht!
18 Verletze keine Lebenspartnerschaft!
19 Stiehl nicht!
20 Verleumde deine Nächsten nicht!
21 Sei nicht auf den Partner oder die Partnerin anderer aus! Sei nicht auf das Haus anderer aus, weder auf ihr Feld, ihre Sklaven oder ihre Sklavinnen, noch ihre Rinder, Esel oder irgendetwas, was ihnen gehört!

Dtn / 5. Mose 5,6–22. Bibel in gerechter Sprache (2006 / 3. Aufl. 2007).

Ina Praetorius: Postpatriarchale Ethik

■ *Die Theologin und Lehrbeauftragte Ina Praetorius (geb. 1956) lebt als freie Autorin in der Schweiz. Sie befasst sich vorrangig mit feministischer Theologie.*

Wie die meisten überlieferten Gesetzbücher setzt sich auch die Tora zusammen aus Regeln unterschiedlicher Herkunft. Neben lebensdienlichen Grundregeln, die Würde, Sicherheit und Teilhaberechte aller schützen, stehen Satzungen, deren Zweck es ist, die Privilegien bestimmter Menschen für rechtens zu erklären. So wird zwar einerseits die Achtung vor Fremden gefordert (Ex 22,20; Lev 19,16), andererseits sind Teile des Gesetzes durchzogen von Bestimmungen, die eine strikte Abgrenzung von allem Fremden fordern (Dtn 7; Dtn 23,1–8 u.a.).
Und Satzungen zum Schutz schwangerer Frauen stehen strengen Reinheitsgesetzen gegenüber, in denen die Geringschätzung des weiblichen Geschlechts etwa dadurch zum Ausdruck kommt, dass Frauen nach der Geburt einer Tochter doppelt so lange als unrein gelten wie nach der Geburt eines Sohnes (Lev 12,1–5).

Ina Praetorius: Handeln aus der Fülle. Postpatriarchale Ethik in biblischer Tradition, Gütersloher Verlagshaus, Gütersloh 2005, S. 82–85.

Der Gerechte wird grünen wie ein Palmbaum,
er wird wachsen wie eine Zeder auf dem Libanon.

Psalm 92,13

Geh nicht ins Gericht mit deinem Knecht;
denn vor dir ist kein Lebendiger gerecht.

Psalm 143,2

Amos: Ich kenne eure Freveltaten, wie ihr die Gerechten bedrängt …

Der aus dem Südreich (Juda) stammende Prophet Amos lebte im 8. Jh. v. Chr. Er geißelte im Nordreich (Israel) die religiösen und ungerechten sozialen Verhältnisse und kündigte Gottes Strafgericht an.
Die folgenden Texte zu Amos stammen von Personen, die Altes Testament oder Biblische Theologie lehrten bzw. lehren: Renate Wind (geb. 1950, München), Hans Walter Wolff (1911–1993, Heidelberg) sowie Jörg Jeremias (geb. 1939, Marburg).

Renate Wind: Ungerechte gesellschaftliche Verhältnisse – Eine Beleidigung Gottes

Es gab unterschiedliche Arten von Propheten im Alten Israel, einzelne, die den König kritisierten, und viele andere, die von ihm angestellt waren …

Jawohl! Es gibt inzwischen auch Propheten am königlichen Hof. Die Könige Israels und Judas haben sie gleichermaßen engagiert, um den unbequemen Propheten Jahwes eigene Propheten entgegenzusetzen, die natürlich gleichfalls im »Namen Jahwes« prophezeien: das, was der König hören will. Der König bezahlt sie gut dafür, und sie verfahren, wer will es verdenken, nach dem Motto: Wes Brot ich ess, des Lied ich sing!
Der Streit zwischen der dem Hof verpflichteten Priester- und Prophetenschaft und den oppositionellen Jahwepropheten wird, wie man sich denken kann, mit besonderer Erbittung geführt. Denn hier geht es darum, auf welcher Seite Jahwe steht. […]
Ein Höhepunkt der Auseinandersetzung findet sich beim Propheten Amos. Bei ihm geht es nicht mehr um eine punktuelle Anklage gegen eine Handlung des Königs. Er klagt die Gesellschaft des Königreiches Israel als ganze an. Er hält das durch das Königsrecht entstandene Gesellschaftssystem für von Grund auf unrecht, marode und gottlos.
Bei Amos beginnt, was in der Verkündigung späterer Propheten immer wiederkehrt: die Androhung des Untergangs Israels, des ›Volkes Gottes‹, wenn sich die Zustände in Israel nicht ändern, wenn nicht das Volk zu Recht und Gerechtigkeit zurückkehrt. […]
Bei Amos verbindet sich zum ersten Mal Sozialkritik mit einer radikalen Kritik an der »offiziellen« Religion, wie sie sich im Staatskult darstellt. […]
Religionskritik im Namen Gottes wird nun zu einem Charakteristikum prophetischer Verkündigung. Für Amos ist der Versuch, ungerechte gesellschaftliche Verhältnisse durch Kult und Gottesdienst zu verschleiern oder sogar zu sanktionieren, eine Beleidigung Gottes.

Renate Wind: Die Bibel von unten, in: Lutz Görner (Hrsg.): Die Bibel. Texte und Lieder von Abraham bis Jesus, Pahl-Rugenstein Verlag Köln, 2. Aufl. 1986, S. 71–144, Zit. S. 115, 117f.

Hans Walter Wolff: Amos greift zur Schock-Sprache

Amos greift zur Schock-Sprache, die sich auch nicht scheut zu verletzen. Er redet die Damenwelt der Residenz als »Basanskühe« an [4,1–3]. In der nordostjordanischen Landschaft Basan liegt bestes Weideland; dort gedeihen die berühmtesten Mastkühe. Natürlich muss es Empörung in Samaria auslösen, wenn ein judäischer Schafzüchter die führenden Frauen mit der Anrede »ihr Mastvieh« demaskiert, so dass sie in ihrer genießerischen Gefräßigkeit und tierischen Sauflust bloßgestellt sind. Nicht weniger aufreizend werden die Herren des Establishment in 6,1.3–7 behandelt. Der Spruch zeigt eine doppelte ironische Linie. Jene Herren wissen sich selbst als Elite der »Spitze« unter den Völkern; das nimmt Amos gleich eingangs auf. Unmittelbar vor dem Schlusssatz charakterisiert er ihre hohen Ansprüche, denen immer nur das Allerbeste gerade gut genug ist, mit dem Hinweis, dass sie nur »Spitzenöle« zur Körperpflege verwenden. Darum schließt er mit beißendem Sarkasmus die »Verheißung« an: Darum werdet ihr an der Spitze ins Exil wandern! Die Ankündigung schließt mit dem Satz, der formal und sachlich noch bitterer wirken muss: Und fertig ist das Fest der Fläzenden!
So schonungslos redet Amos. Es kann niemand verwundern, dass dieser Prophet des Aufruhrs und des Landfriedensbruchs angeklagt und des Landes verwiesen wurde.

Hans Walter Wolff: Die Stunde des Amos, Chr. Kaiser Verlag, München 1979, S. 65f. © Gütersloher Verlagshaus in der Verlagsgruppe Random House, München.

Jörg Jeremias: Rechtsbruch und Unterdrückung

Amos 5,10–13: Rechtsbruch und Unterdrückung.
In den dicht besiedelten Städten des Alten Orients bildete zumeist der Raum im Tordurchgang mit seinen Kammern bzw. gegebenenfalls der freie Raum zwischen Außen- und Innentor den einzigen freien Platz. Diese Rechtsprechung der Torgerichtsbarkeit basierte wesentlich auf der Integrität [Unbescholtenheit] des aus dem Kreis der Ältesten bestellten Richters (V. 10a) und ebenso sehr auf der Verlässlichkeit (im Urtext) wörtlich: der Vollständigkeit) der Zeugenaussagen (V. 10b). Genau diese empfindsamen Stellen der Rechtsprechung nutzen Reiche und Mächtige zu eigenem Vorteil (V. 12b), indem sie gleicherweise mit Bestechungsgeldern wie mit dem Einsatz ihres Einflusses das Urteil in die Bahn des eigenen Interesses lenken. Man spürt den Worten die Entrüstung des Propheten ab, der von der Unrechtsschilderung (V. 10) zur Anrede an die Schuldigen übergeht (vgl. 6,3) und ihre Weise der Rechtsbeugung mit dem härtesten Schuldbegriff des Alten Testaments »Verbrechen« (vgl. 1,3ff.; 2,6 u. ö.) benennt.

Jörg Jeremias: Der Prophet Amos, ATD Bd. 24/2, Vandenhoeck & Ruprecht, Göttingen 1995 (leicht gekürzt).

> Es ströme wie Wasser das Recht
> und die Gerechtigkeit wie ein unversieglicher Bach!
>
> *Amos 5,24*

6. Jesus und die Jesus-Bewegung

Jesus hat als frommer und gelehrter Jude zuerst einmal die alttestamentliche Tora ausgelegt und – für ihn besonders charakteristisch – in Gleichnissen vom Reich Gottes erzählt. Bei ihm und in der auf ihn zurückgehenden Jesus-Bewegung spielen die Gerechtigkeit und das Reich Gottes eine zentrale Rolle.

Margot Käßmann: Im Land der Ich-AGs

■ *Margot Käßmann, geb. 1958, Bischöfin der Evangelisch-lutherischen Landeskirche Hannovers, legte das Gleichnis von den Arbeitern im Weinberg so aus (Matthäus 20,1–16):*

Da geht er hin und er ist zornig. Er hat gearbeitet und Lohn erhalten, wie verabredet – das ist aber doch gerecht, oder? Oder ist es ungerecht, dass Schmarotzer, die im letzten Moment erst gekommen sind, dasselbe erhalten wie die, die seit sechs Uhr früh gearbeitet haben? Oder ist es gerecht, weil gerade die Armen den Lohn besonders brauchen? Oder ist es einfach die spontane Geberlaune eines merkwürdigen Weingutbesitzers? Was macht der Mensch mit solchen Fragen? Sie wissen, wie heute Orientierung zu finden ist – wir fragen nach der Analyse der Parteien. Also folgende Einschätzung zum Gleichnis (zur Vorsicht: die Reihenfolge der Parteien impliziert keine Wertung):
SPD: Wir sollten mit den Gewerkschaften beraten, wie dieses neue Lohnmodell so abgesichert werden kann, dass Gerechtigkeit empfunden und realisiert wird.
CDU: Es hätte größerer Leistungsanreize bedurft, um ein Leistungsgefälle zu erzeugen. Aber: Es wurden Arbeitsplätze geschaffen, und das ist entscheidend.
FDP: Wir solidarisieren uns mit den Leistungsbewussten, eine Klage vor dem Verfassungsgericht für einen gerechten Lohn für die Erstarbeiter ist erstrebenswert. Besserverdiener brauchen wir.
Grüne: Die angesprochene Frage ist wieder einmal völlig anthropozentrisch [auf den Menschen zentriert] gestellt; vielmehr sollte gefragt werden, ob es auf dem Weinberg ökologischen Anbau gibt, das ist das Kriterium zur Beurteilung, das zählt.
PDS [heute: Die Linke]: Der Weingutbesitzer zeigt typisch kapitalistische und paternalistische [bevormundende] Strukturen. Wenn die Arbeiter sich zusammentun, dann kann die Weinlese stillstehen.
Die Menschen im Gleichnis, die auf dem Markt warteten, waren wahrscheinlich ziemlich verzweifelte Menschen, die auf Arbeit hofften. »Er sah andere müßig auf dem Markt stehen«, übersetzt Martin Luther, aber wir können das griechische Wort heute auch mit »arbeitslos« übersetzen. Da sind wir gar nicht so weit weg von unseren Lebenszusammenhängen. Auch zur Zeit Jesu war es kostspieliger, Knechte auf Dauer anzustellen, im Angestelltenverhältnis sozusagen, als – wie heute – billige Zeitarbeiterkräfte zu holen aus Polen zum Spargelstechen, Erdbeerenpflücken und zur Weinlese.
Über den Besitzer können wir uns nicht beklagen. Er ist reich, aber fair: Ein Denar (»Silbergroschen«) galt als angemessene Bezahlung, die einer Familie für einen Tag den Lebensunterhalt gewährt.
Dann aber knallt es: Alle ein Denar, unabhängig von der Leistung!? Es war abgemacht, ja. Aber ist es gerecht? Das ist eine provozierende Konstellation! »Gleichmacherei« [...].
Was ist gerecht? Das Weinberggleichnis bleibt eine Provokation – auch für die Kirche übrigens, seit zweitausend Jahren. Es stellt die Leistungsfrage in der Leistungsgesellschaft. Ich denke oft, dass der Glaube an die Rechtfertigung des Menschen allein aus Gnade die größte Provokation für eine Gesellschaft darstellt, die sagt: »Leistungsträger vor! Leistung muss sich wieder lohnen. Wer wirklich was leisten will, findet auch Arbeit!« Manches Mal muss sich unsere Kirche anhören, sie kümmere sich ausschließlich um die Menschen am Rande, nicht um die Leistungsträger, die den Sozialstaat erwirtschaften. Zu denen an den Hecken und Zäunen, den Tagelöhnern, sind wir allerdings als Kirche gesandt, da ist das Zeugnis Jesu wohl nicht zu verbiegen. [...]
Das Gleichnis von den Arbeitern im Weinberg hält fest: Vom Reich Gottes her gibt es eine Störung der Werte, auf denen unsere Gesellschaft ruht. Die Perspektive des Reiches Gottes bleibt stets eine Herausforderung des Vorhandenen.

Margot Käßmann: Im Land der Ich-AGs. Zu Matthäus 20,1–16, in: Reinhard Marx (Hrsg.): Gerechtigkeit vor Gottes Angesicht, Herder Verlag, Freiburg i. Br. 2006, S. 30–33.

> Selig sind die Barmherzigen,
> denn sie werden Barmherzigkeit erlangen.
> *Matthäus 5,7*

Reinhard Lampe: Das Geld ist sogar effektiver ...

■ *Der in Radio und Fernsehen präsente Stralsunder Pastor Reinhard Lampe (siehe auch Seite 16) interpretiert das Gleichnis vom barmherzigen Samaritaner (Lk 10,29–37) folgendermaßen:*

Lange war es unter Christen nicht schicklich, mit Geld Geld zu verdienen. Also Vermögen gut anzulegen, damit es sich vermehrt. Damit scheint es vorbei zu sein. Im Interesse der kirchlichen Arbeit braucht es eine gute Anlagestrategie. Das Zauberwort heißt dabei: ethische Geldanlage. [...]
Unser Geld tut was Gutes – an unserer Stelle.
Der barmherzige Samariter hat es nicht anders gemacht. Er hat sich gewissermaßen durch sein Geld vertreten lassen. Verdient hat er damit zwar nichts. Aber er hat sich Zeit gekauft. Geld kann Gutes tun an unserer Stelle, heißt das. Wer genug Geld hat und es dafür nutzen kann, ist auch heute ein barmherziger Samariter.

Morgenandacht in NDR Kultur, Mittwoch, 16. April 2008 – http://www1.ndr.de/radio/err/lampe6.pdf (leicht gekürzt).

> Niemand würde sich an den Barmherzigen Samariter erinnern, wenn der nur gute Absichten gehabt hätte. Er hatte auch Geld. *Margaret Thatcher, Politikerin*

Barmherziger Samariter. Tafelbild aus der Martinskirche Zschopau, 1604. Foto: Teichmann.

René Krüger: Die Utopie der Gerechtigkeit

■ *René Krüger ist Professor für Neues Testament und Rektor des Instituto Universitario ISEDET in Buenos Aires, Argentinien.*

Die ökonomische Logik des römischen Imperiums als Transfer von Geld, Gütern und Dienstleistungen aus den eroberten Gebieten in die Hände der Oberschicht in Rom wirkte sich als Verarmungsmechanismus aus, der die Unterschicht dieser Gebiete äußerst hart betraf, wobei deren lokale Oberschicht mit der Ausbeutungsmaschinerie paktierte und so von einem Teil dieses Transfers mitprofitierte.
Die wirtschaftlichen Folgen der Präsenz Roms im Land der Bibel waren eine steigende Verschuldung durch Steuern, Teuerung oder / und imperiale Auflagen; die Vertreibung der Kleinbauern von ihren Grundstücken, die Entstehung des durch Sklaven bearbeiteten Großgrundbesitzes und zugleich die Konzentration des Grundbesitzes in wenigen Händen; die Spaltung der sozialen Gefüge der Gesellschaften in noch mehr Verlierer und noch weniger Gewinner als in den vorangegangenen Imperien. [...]
Bei der Behandlung der Arm-Reich-Problematik geht es den biblischen Autoren einerseits um Identitätsvermittlung an die Armen und andererseits um das Gericht über die Reichen. Gott kommt es auf die Erwählung der Armen an. Die Barmherzigkeit, das Teilen mit den Notleidenden und der Aufbau alternativer Gemeinschaft sind nun der Maßstab für die Nachfolge Jesu und damit für ein Leben nach Gottes Willen. Das ist die Perspektive der Opfer; derjenigen Menschen, die durch andere Menschen und Strukturen unterjocht, verarmt, gequält, ausgegrenzt und verfolgt werden. Gerade die auf der sozialen und ökonomischen Werteskala der Gesellschaft ›unten‹ stehenden Menschen besinnen sich auf ihre Würde, hören auf die Verheißungen Gottes und klammern sich an die Utopie der Gerechtigkeit und eines erfüllten Lebens für alle Menschen.

René Krüger: ›Globalisierung‹ vor zweitausend Jahren und heute. Ausbeutung und Gewaltherrschaft im römischen Reich und die biblische Perspektive ›von unten‹, in: Kirchlicher Herausgeberkreis Jahrbuch Gerechtigkeit (Hrsg.): Reichtum – Macht – Gewalt. Jahrbuch Gerechtigkeit II, Publik-Forum, Oberursel 2006, S. 52–59 (gekürzt).

Reinhard Lampe: Jesus bewältigt die Schuldenkrise

■ *Der in Radio und Fernsehen präsente Stralsunder Pastor Reinhard Lampe (siehe auch Seite 14) interpretiert die Vaterunser-Bitte »Vergib uns unsere Schuld« so:*

So haben sich die ersten Christen tatsächlich das Verhältnis zu Gott vorgestellt. Die Menschen haben Schulden abzutragen. Gott hat ihnen etliches vorgeschossen: das Leben, die Gesundheit, das Auskommen, die Kinder. Wie soll man das jemals abzahlen können? Dazu kommen immer noch mehr Schulden, weil sie darüber hinaus ständig und dauerhaft Gottes Gebote verletzen. Das Verhältnis der Menschen zu Gott ist einzig von Schulden geprägt.
Jesus bewältigt diese Schuldenkrise. Seinen Jüngern kündigt er dies mit dem extremsten Bild aus der Welt des Geldes an: Er spricht von sich selbst als dem Scheck, mit dem sämtliche Schulden bezahlt werden. Er werde sein Leben geben »zum Lösegeld für viele.«
»Lösegeld« war für die Welt der Bibel eine übliche Sache. Wenn einer seine Schulden nicht bezahlen konnte, kam er ins Gefängnis. Er musste warten, bis ihn ein guter Mensch – meist ein Verwandter – freikaufte. Der das Lösegeld zahlte, war der »Erlöser«.

Reinhard Lampe, in: Morgenandacht in NDR Kultur, Samstag, 19. April 2008, leicht gekürzt – http://www1.ndr.de/radio/err/lampe6.pdf.

Rainer Kessler: Gerechtigkeit in der Jesusbewegung

■ *Rainer Kessler (geb. 1944) lehrt Altes Testament an der Universität Marburg.*

Die Jesusbewegung und die sich aus ihr entwickelnde frühe Kirche ist zunächst Teil des jüdischen Volkes und ihre Stellung zur Tora und damit auch zu deren Wirtschaftsrecht ist keine andere als im Judentum überhaupt. Das heißt: Die Tora gilt grundsätzlich uneingeschränkt, »nicht ein einziges Jota« soll von ihr wegfallen (Mt 5,18) – also auch kein Wirtschaftsgesetz. [...]
Dafür, dass dies der Fall ist, gibt es nun m. E. zwei deutliche Hinweise. Der eine ist die Vaterunserbitte um Vergebung der Schulden, »wie auch wir unsern Schuldnern vergeben haben« (Mt 6,12). Denn dass es dabei nur um moralische Schuld – und nicht auch um materielle Schulden – geht, ist ganz unwahrscheinlich. Der andere Hinweis ist die Aufforderung: »Gib dem, der dich bittet, und wende dich nicht von dem ab, der von dir leihen will« (Mt 5,42). Oder, noch schärfer formuliert: »leiht denen, von denen ihr nichts zu hoffen habt« (Lk 6,35). [...]
Wenn die Jesusbewegung so am zentralen Bereich des Wirtschaftsrechts der Tora, dem Schuldenrecht, festhält, dann erübrigt sich fast zu erwähnen, dass sie natürlich auch beim Almosenwesen nicht abseits steht. Auf Jesus selbst wird eine Ordnung über das »Tun der Gerechtigkeit« zurückgeführt (Mt 6,1–4) und etliche Erwähnungen belegen, dass dies in der frühen Kirche (vgl. Apg 9,36) – und darüber hinaus – gängige Praxis war.

Rainer Kessler: Das Wirtschaftsrecht der Tora, in: Ders.: Studien zur Sozialgeschichte Israels, Verlag Katholisches Bibelwerk, Stuttgart 2009, S. 29f.

Selig seid ihr Armen, denn das Reich Gottes ist euer.

Lukas 6,20b

Trachtet am ersten nach dem Reich Gottes und nach seiner Gerechtigkeit.

Matthäus 6,33

Wolfgang Huber: Gerechtigkeit und biblische Hoffnung

■ *Wolfgang Huber (geb. 1942), Bischof der Evangelischen Kirche von Berlin-Brandenburg und Vorsitzender des Rats der Evangelischen Kirche in Deutschland (EKD), hat ein Standardwerk zum Thema »Gerechtigkeit« aus theologischer Perspektive verfasst. Darin stellt er die biblische Vision einer durch Gottes Geist inspirierten Welt der Gerechtigkeit, Gleichheit und Gemeinschaft heraus:*

Die biblischen Bilder einer Zukunft, in der Frieden und Gerechtigkeit sich küssen, in der die Wölfe bei den Lämmern und die Panther bei den Böcken wohnen, in der die Schwerter zu Pflugscharen und die Speere zu Winzermessern umgeschmiedet werden, stellen die erhoffte Form eines solchen Zusammenlebens vor Augen. Bemerkenswerterweise sind solche Visionen nicht auf das Zusammenleben der Menschen begrenzt, sondern umfassen die Schöpfung in ihrer Fülle. Der eschatologische [endzeitliche] Charakter umfassender Gerechtigkeit erklärt, warum das Alte Testament oft Gott und die Gerechtigkeit miteinander gleichsetzt.

Diese eschatologische Orientierung setzt sich auch im Neuen Testament fort. Die Bergpredigt Jesu bringt die geschichtliche Dynamik der eschatologischen Gerechtigkeit zur Sprache. Die »Gerechtigkeit des Reiches Gottes« (Mt 6,33) bildet die Kraft, die Menschen dazu befähigt, Situationen von Hass und Ungerechtigkeit in Beziehungen der Liebe und der Gemeinschaft zu verwandeln.

Unter einem solchen Gesichtspunkt rückt auch die Rede von der Gerechtigkeit bei Paulus noch einmal in ein verändertes Licht. Gerechtigkeit ist für ihn Ausdruck der Macht Gottes; in ihr zeigt sich die Treue Gottes gegenüber seiner Schöpfung. Dort, wo sie sich durchsetzt, verlieren die Differenzen zwischen den Menschen – so etwa die Gegensätze zwischen Juden und Griechen, Sklaven und Freien, Männern und Frauen – ihre trennende Bedeutung. Nun erst können sie als bereichernde Vielfalt zur Geltung kommen. Gleichheit in radikalem Sinn verwirklicht sich. Zugleich aber und in ebenso radikalem Sinn wird die Freiheit wirklich: die Freiheit nämlich als Befreiung von den Mächten der Sünde, der Täuschung und des Todes.

Dies ist nicht einfach die Vision einer noch ausstehenden Zukunft. Vielmehr beruft Paulus sich auf eine bestimmte historische Realität, in der diese Zukunft unter den Bedingungen geschichtlicher Vorläufigkeit schon Gestalt gewinnt: in der Wirklichkeit der Kirche wird die Einheit von Freiheit und Gleichheit bruchstückhaft vorweggenommen. Jedes Glied der Gemeinde (die der »Leib Christ« ist) verfügt über die vollständige Freiheit, seine Gaben zu entfalten und dadurch zum Aufbau des Ganzen beizutragen. Freiheit ist hier also als diejenige Art der Selbstbestimmung verstanden, die zwanglos mit dem gemeinsamen Leben zusammenstimmt; Freiheit ist als kommunikative Freiheit gedacht. Individualität und Sozialität sind zwei Seiten ein und derselben Sache.

Wolfgang Huber: Gerechtigkeit und Recht. Grundlinien christlicher Rechtsethik, Gütersloh, 3. Aufl. 2006, S. 171–173. © Gütersloher Verlagshaus in der Verlagsgruppe Random House, München.

Rogier van der Weyden: Jüngstes Gericht (um 1450 – Ausschnitt). Foto: akg-images, Berlin.

Das Reich Gottes ist Gerechtigkeit und Friede und Freude in dem Heiligen Geist.

Römer 14,17

C Gerechtigkeit im Lauf der (Kirchen-)Geschichte

»Arme habt ihr allezeit bei euch« – hat Jesus einmal gesagt. Hat er dies zynisch gemeint? Im Sinne von: So ist die Welt, daran ist nichts zu ändern! – Sicher nicht. Er wollte mit diesen Worten vielmehr das Verhalten einer Frau rechtfertigen, die ihn mit kostbarem Nardenöl gesalbt hatte (Mk 14,3–9). Doch im Laufe der Zeit haben sich die Christen mehr und mehr damit abgefunden, dass die Verhältnisse auf dieser Welt eben nicht gerecht sind. Zwar gab es immer eine christliche Armenpflege, doch selten wurden ungerechte Verhältnisse in Frage gestellt, wie etwa in biblischen Zeiten durch den Propheten Amos (Kap. 7 und 8).
Das System als solches systematisch und grundlegend zu kritisieren, blieb radikalen Denkern wie Karl Marx vorbehalten, der zugleich ein scharfer Religionskritiker war. Doch haben viele Christen seither viel dazugelernt: Ohne den Blick auf die realen Verhältnisse, die in unserer Welt herrschen, und ohne die Frage nach der Gerechtigkeit verkommt der christliche Glaube zu einer Ideologie – einer gigantischen Täuschung über die Wirklichkeit (Kap. 9).

7. Mittelalter

Ferdinand Seibt: Christusnachfolge

Im 11./12. Jahrhundert, mit dem Schwinden der festen Bodenbindung, der wachsenden Mobilität und der Anziehungskraft der neuen Stadtsiedlungen, verbreiteten sich Armut und Reichtum unter den Hunderttausenden, die nicht edelfrei geboren waren. […] Der Arme, der Ohnmächtige, geriet, eine fatale Folge der wachsenden Beweglichkeit, zwar ins »Elend«. Aber die Christenheit, nun besser belehrt durch Predigt und Evangelisation, besann sich auf die freiwillige Armut als einen sicheren Weg in den Himmel. Die Pfarreien, die sich netzartig übers Land verbreiteten, unterstützten dies durch Erzählungen aus der Bibel und Darstellungen an den Kirchenwänden. Christus nachfolgen: Schließlich war er uns als ein nackter Mensch am nackten Holz vorangegangen, nudus homo in nudo ligno – und dieses Bild des armen und abgemagerten Dornengekrönten zog nun auch in die Kirchen ein. Es ersetzte dort das Bild des Weltenherrschers, Christus Pantokrator, das die alten, die »romanischen« Kirchen geboten hatten: Christus thronend in unnahbarer Majestät im Gewölbe der Apsiden [(halbrunden) Chorabschlüsse], dort, wo einst die römischen Kaiser im Herrensaal, in der Basilika, saßen.

Ferdinand Seibt: Glanz und Elend des Mittelalters, Siedler Verlag GmbH Berlin 1987, S. 187.

Christus als Pantokrator: Mittelapsis des Doms von Monreale, Sizilien/(12./13. Jh.). Foto: akg-images, Berlin.

Kruzifix aus Sankt Georg, Köln (um 1017).
Foto: Rheinisches Bildarchiv.

Franz von Assisi: Kot und Geld einander gleich achten

■ *Der reiche Kaufmannssohn Franz von Assisi, eigentlich Giovanni Bernardone (1181/82–1226), wandte sich nach dem Bruch mit seinem Vaterhaus einem Leben in absoluter Armut zu und begründete zusammen mit gleich gesinnten Gefährten den bis heute existierenden Franziskanerorden.*

Franz von Assisi zu seinen Mitbrüdern
Über alles aber verfluchte er das Geld; und stets wies er durch Wort und Beispiel seine Brüder an, es zu fliehen wie den Teufel selber. Denn die Brüder wurden von ihm zu folgender Klugheitsregel angehalten: sie sollten Kot und Geld einander gleich achten.

Franz von Assisi zu einem Novizen
Wenn du erst ein Psalterium [Psalmengebetbuch] hast, dann wirst du begehrlich werden und ein Brevier besitzen wollen; und wenn du erst ein Brevier [großes Gebetbuch] hast, dann wirst du auf dem Katheder sitzen wie ein großer Prälat und zu deinem Bruder sprechen: ›Bring mir das Brevier‹.

Franz von Assisi zu seinem Bischof Guido von Assisi
Herr, wenn wir irgendwelches Eigentum besitzen würden, so müssten wir unbedingt zu unserem Schutz auch Waffen haben. Und deshalb wollen wir in dieser Welt nichts Irdisches besitzen.

Aus den beiden Legendensammlungen Speculum perfectionis und Dreigefährtenlegende.

8. Reformation

Die Praxis der Kirche, gegen Geldzahlungen Nachlass oder Befreiung von zeitlichen Sündenstrafen zu gewähren, wurde zum Anlass für die von Martin Luther ausgehende Reformation, die sich in den beiden Formen des Luthertums und des Calvinismus (Reformierte) im mittleren und nördlichen Europa sowie nach Nordamerika und über die ganze Welt ausbreitete.

Martin Luther: Gerecht allein aus Glauben (sola fide)

■ *In einer grundlegenden theologischen Entdeckung (so genanntes Turmerlebnis) erkannte der Wittenberger Theologieprofessor Martin Luther (1483–1546), dass Gottes Gerechtigkeit vorrangig nicht sein Gericht, sondern seine Gnade und Güte meint. Durch diese spricht er den Menschen von seiner Sünde frei und macht ihn dadurch gerecht (Text 1). Dabei gibt es eine grundlegende Differenz zwischen göttlicher und menschlicher Gerechtigkeit (Text 2).*

1. Ich trat in das Paradies selbst ein … – Lebensrückblick

Während meiner Zeit als Mönch las ich viel in der Bibel, vor allem im Brief des Paulus an die Römer. Dort stand ein Vers, der mich sehr ärgerte: »Gott zeigt seine Gerechtigkeit im Evangelium, in der frohen Botschaft von Jesus.« (Röm 1,17) Ich aber hasste das Wort »Gottes Gerechtigkeit«, weil ich gelernt hatte, dass Gott die Bösen straft. Ich konnte den gerechten, die Sünder strafenden Gott nicht lieben. […]
Da hatte Gott Mitleid mit mir. Tag und Nacht war ich in grüblerische Gedanken versunken, bis ich endlich auf den Zusammenhang der Worte achtete: »Gott zeigt seine Gerechtigkeit im Evangelium, der frohen Botschaft von Jesus, wie geschrieben steht: ›Der Gerechte lebt aus dem Glauben‹. Da fing ich an, die Gerechtigkeit Gottes ganz anders zu verstehen: Gott gibt den Menschen den Glauben wie ein Geschenk. Dadurch versöhnt er sich mit ihnen und macht sie gerecht. Der Mensch muss also nicht durch gute Werke Gott gnädig stimmen. Es reicht aus, wenn er sich von Gott den Glauben schenken lässt. Der Mensch muss nichts tun, sondern einfach das Geschenk annehmen. Als ich das verstanden hatte, fühlte ich mich wie ganz und gar neu geboren. Plötzlich bekam die Bibel für mich ein völlig neues Gesicht. Wie durch ein offenes Tor trat ich in das Paradies selbst ein.

2. Rechtfertigung vor Gott – vor den Menschen – Thesen

1. Aus der Stelle (Röm 3,28) wird klar genug, dass zwischen der Rechtfertigung des Menschen vor Gott und seiner Rechtfertigung vor den Menschen ein großer Unterschied besteht.
2. Denn Paulus stellt ganz offenkundig den Glauben den Werken entgegen: er nimmt den Werken die Rechtfertigung vor Gott und legt sie dem Glauben bei.
3. Es wird zwar der Mensch durch die Werke gerecht, hat aber (dabei) Ruhm (nur) vor Menschen, nicht vor Gott (Röm 4,2).

Das Rechtfertigungsgeschehen hat dann allerdings Auswirkungen auf ein an Gerechtigkeit und Liebe orientiertes Leben des Christen – etwa in der Wirtschaft (Text 3), in der Liebestätigkeit gegenüber Armen (Text 4) sowie in der Bildung der Jugend (Text 5).

3. Von Kaufhandlung und Wucher

a) Positive Möglichkeiten christlichen Gütergebrauchs
Es gibt vier Arten, in äußerlichen Dingen gut christlich mit anderen zu handeln.
Die erste ist: man lasse unser Gut nehmen und rauben, wie Christus Mt 5,40 lehrt: »Wer dir den Mantel nimmt, dem lass auch den Rock«.
Die zweite Art ist: jedermann umsonst geben, der es bedarf, wie Christus ebendort (Mt 5,42) lehrt.
Die dritte Art ist Leihen oder Borgen, wobei ich mein Eigentum hingebe und wieder an mich nehme, wenn mir's zurückgebracht wird, und darauf verzichten muss, wenn man's nicht bringt [Lk 6,34]. Denn wenn einer so ausleiht, dass er es verbessert oder vermehrt zurücknehmen will, so ist das ein offenkundiger und verdammenswerter Wucher.
Die vierte Weise ist Kaufen und Verkaufen, und es mit Bargeld oder Ware mit Ware bezahlen.
b) Missstände unlauterer kaufmännischer Preisbildung
Erstens machen sich einige kein Gewissen daraus, ihre Waren auf Borg und Zeit teurer zu verkaufen als um bares Geld.
Ebenso steht's auch damit, dass manche ihr Gut teurer verkaufen, als es auf dem öffentlichen Markt gilt.
Ferner: Manche kaufen ein Gut oder eine Ware in einem Lande oder einer Stadt ganz und gar auf, um allein dieses Gut ganz und gar in ihrer Gewalt zu haben; dann können sie die Ware preislich festsetzen, steigern und so teuer hergeben als sie wollen oder können.
Ferner verfahren sie folgendermaßen: sie geben ihr Gut so wohlfeil her, dass die andern nicht mitmachen können, und zwingen sie damit dazu, dass sie entweder nicht feilhaben dürfen oder zu ihrem Ruin ebenso so wohlfeil hergeben müssen als jene. So kommen sie doch zum Monopol. Diese Leute sind es nicht wert, dass sie Menschen heißen oder unter Leuten wohnen.
Ferner ist es auch ein feines Stück, wenn einer einem andern Ware, die er selbst nicht hat, mit Worten im Sack verkauft.
c) Die Verwerflichkeit von Handelsgesellschaften
Von den Handelsgesellschaften sollte ich wohl viel sagen. Aber es ist alles so grund- und bodenlos mit lauter Habsucht und Unrecht, dass nichts dran zu finden ist, was man mit gutem Gewissen dabei handeln könnte. Denn wer ist so verblendet, dass er nicht sieht, wie die Handelsgesellschaften nichts anderes sind als lauter richtige Monopole? Denn sie haben alle Ware unter ihren Händen und machen's damit, wie sie wollen; sie treiben ohne alle Scheu die oben angeführten Stücke, dass sie den Preis nach ihrem Belieben steigern oder heruntersetzen und alle kleinen Kaufleute bedrücken und zugrunde richten, wie der Hecht die kleinen Fische im Wasser, gerade als wären sie Herren über Gottes Geschöpfe und frei von allen Gesetzen des Glaubens und der Liebe.
Sollen die Gesellschaften bleiben, so muss Recht und Redlichkeit untergehen. Soll Recht und Redlichkeit bleiben, so müssen die Gesellschaften untergehen.

4. ... zum allgemeinen Besitz einer Gemeindekasse ...

Mit den Gütern solcher Klöster, welche die Obrigkeit an sich nimmt, könnte [folgendermaßen] verfahren werden [...]. Dass man alles, was übrig bleibt, zum allgemeinen Besitz einer Gemeindekasse gelangen lasse, woraus man nach christlicher Liebe allen gebe und leihe, die im Lande bedürftig sind, sei es ein Edler oder ein Bürger.
Möchtest du aber hier sagen: Das Loch ist zu weit; dadurch wird die Gemeindekasse wenig kriegen, denn jedermann wird es alles an sich nehmen und sagen, er bedürfe davon so viel usw. Antwort: Darum habe ich gesagt, dass christliche Liebe hier richten und handeln muss. Und man muss sich darauf gefasst machen, dass etwa Habgier mit unterlaufen wird. Wie soll man's machen? Es darf deshalb nicht unterbleiben.

5. ... viele feine, gelehrte, verständige, ehrbare, wohlerzogene Bürger

Es ist eine ernste, große Sache, an der Christus und aller Welt viel liegt, dass wir dem jungen Volk helfen und raten. Damit ist dann auch uns und allen geholfen und geraten. Liebe Herren, muss man jährlich so viel aufwenden für Schießwaffen, Wege, Stege, Dämme und dergleichen unzählige Dinge mehr, damit eine Stadt zeitlichen Frieden und Ruhe habe, warum sollte man doch nicht vielmehr ebenso viel aufwenden für die bedürftige, arme Jugend, dass man einen geeigneten Mann oder zwei als Schullehrer unterhielte? [...] Nun liegt einer Stadt Gedeihen nicht allein darin, dass man große Schätze sammelt, feste Mauern, schöne Häuser, viel Geschütze und Harnische herstellt; ja, wo davon viel da ist und es kommen tolle Narren drüber, so ist es um so viel ärger und um so größer der Schade für die betreffende Stadt.
Vielmehr ist das einer Stadt bestes und aller reichstes Gedeihen, Heil und Kraft, dass sie viele feine, gelehrte, vernünftige, ehrbare, wohlerzogene Bürger hat, die können dann wohl Schätze und alles Gut sammeln, erhalten und recht gebrauchen.

Alle Texte aus: WA = Weimarer Ausgabe: D. Martin Luthers Werke. Kritische Gesamtausgabe. Weimar 1983ff. Text 1: WA 54, S. 185f.; Text 2: WA 39.I, S. 82; Text 3: WA 15, S. 300ff.; Text 4: WA 12, S. 13f.; Text 5: WA 15, S. 30+34. – Der erste Text stellt eine sehr freie Übertragung dar, die Fassung des dritten ist entnommen aus: Martin Luther: Von weltlicher Obrigkeit, Calwer Luther-Ausgabe, hrsg. von W. Metzger, Bd. 4, Hänssler-Verlag Neuhausen-Stuttgart 1996, S. 125–143. – Texte teilweise gekürzt, Zwischenüberschriften redaktionell.

Mammon ist der allergewöhnlichste Abgott auf Erden.

Martin Luther

Jan Brueghel der Jüngere: Allegorie auf die Tulpenmanie (um 1640). Frans Hals-Museum, Haarlem.

Max Weber:
Die protestantische Ethik und der Geist des Kapitalismus

■ *Der Nationalökonom und Soziologe Max Weber (1864–1920) (siehe auch Seite 35) stellte die viel beachtete These auf, dass die reformatorische Gesinnung in starkem Maße zur Entstehung des »Geistes des Kapitalismus« beigetragen habe. Er verwies in diesem Zusammenhang insbesondere auf die Wertschätzung von Arbeit und Beruf als Berufung Gottes (bei Luther), des wirtschaftlichen Erfolgs als Zeichen der Erwählung durch Gott (vor allem im Gefolge von Calvins Erwählungs- bzw. Prädestinationslehre) und auf die Propagierung eines sittlichen und einfachen (asketischen) Lebensstils (besonders bei Calvin).*

Konsum und Askese

Die innerweltliche protestantische Askese [...] wirkte [...] mit voller Wucht gegen den unbefangenen Genuss des Besitzes, sie schnürte die *Konsumtion*, speziell die Luxuskonsumtion, ein. Dagegen *entlastete* sie im psychologischen Effekt den *Gütererwerb* von den Hemmungen der traditionalistischen Ethik, sie sprengte die Fesseln des Gewinnstrebens, indem sie es nicht nur legalisierte, sondern [...] direkt als gottgewollt ansah. [...]

Berufsarbeit und Kapitalbildung

Auf der Seite der Produktion [aber wirkte folgender Mechanismus:] die religiöse Wertung der rastlosen, stetigen, systematischen, weltlichen Berufsarbeit als schlechthin höchsten asketischen Mittels und zugleich sicherster und sichtbarster Bewährung des wiedergeborenen Menschen und seiner Glaubensechtheit musste ja der denkbar mächtigste Hebel der Expansion jener Lebensauffassung sein, die wir hier als »Geist« des Kapitalismus bezeichnet haben. Und halten wir nun noch jene Einschnürung der Konsumtion mit dieser Entfesselung des Erwerbsstrebens *zusammen*, so ist das äußere Ergebnis naheliegend: *Kapitalbildung* durch *asketischen Sparzwang*. Die Hemmungen, welche dem konsumtiven Verbrauch des Erworbenen entgegenstanden, mussten ja seiner produktiven Verwendung: als *Anlagekapital*, zugute kommen. Wie stark diese Wirkung gewesen ist, entzieht sich ziffernmäßig naturgemäß jeder exakten Bestimmung.

Max Weber: Die protestantische Ethik und der Geist des Kapitalismus, in: Ders., Die protestantische Ethik I. Eine Aufsatzsammlung, hrsg. von J. Winckelmann, GTB Siebenstern 53, 7. Aufl. 1984, S. 179f. © Gütersloher Verlagshaus in der Verlagsgruppe Random House, München. Zwischenüberschriften redaktionell.

Was letzten Endes den Kapitalismus geschaffen hat, ist die rationale Dauerunternehmung, rationale Buchführung, rationale Technik, das rationale Recht, aber auch nicht sie allein; es musste ergänzend hinzutreten: die rationale Gesinnung, die Rationalisierung der Lebensführung, das rationale Wirtschaftsethos.

Max Weber

9. Kapitalismus und Soziale Frage

An die Wirtschaftsform des Kapitalismus knüpften sich große Hoffnungen: Wohlstand für alle sollte er bringen (Adam Smith). Die Wirklichkeit sah dann ganz anders aus: Im Hoch-Kapitalismus der industriellen Revolution entstanden gigantischer Reichtum auf der einen Seite, krasse Ausbeutung und Massenelend auf der anderen. Im 19. Jahrhundert propagierte man unterschiedliche Lösungsmodelle für die so genannte soziale Frage, etwa die revolutionäre (Karl Marx) oder Initiativen in den Kirchen (Wichern, Werner, von Ketteler).

Adam Smith: Der Wohlstand der Nationen

■ *Der britische Moralphilosoph Adam Smith (1723–1790), Professor in Glasgow, gilt als Begründer der klassischen Nationalökonomie und wichtiger Vertreter einer liberalen Wirtschaftslehre.*

Bloße Gerechtigkeit – eine negative Tugend

Bloße Gerechtigkeit ist in den meisten Fällen nur eine negative Tugend und hindert uns nur, unserm Nächsten einen Schaden zuzufügen. Wir können oft alle Regeln der Gerechtigkeit dadurch erfüllen, dass wir still sitzen und nichts tun. Wie jedermann tut, so soll ihm wieder getan werden, und die Wiedervergeltung des Gleichen mit Gleichem scheint das große Gesetz zu sein, das uns von der Natur selbst vorgeschrieben worden ist. Der Mann, der bloß schuldlos ist, der in Bezug auf die anderen nur die Regeln der Gerechtigkeit beobachtet und sich lediglich enthält, anderen Schaden zuzufügen, der verdient nur, dass seine Nächsten ihrerseits seine Schuldlosigkeit achten und dass die gleichen Gesetze auch in Bezug auf ihn streng eingehalten werden.

Adam Smith: Theorie der ethischen Gefühle, hrsg. von Walther Eckstein (Philosophische Bibliothek, Bd. 200a/200b), Sonderausgabe, Meiner Verlag Hamburg, 2004, S. 121f. (gekürzt).

Nicht Menschenliebe, sondern Eigeninteresse

Wer einem anderen ein Geschäft irgendwelcher Art anträgt, verfährt in diesem Sinne: Gib mir, was ich brauche, und du sollst haben, was du brauchst, das ist der Sinn eines jeden solchen Anerbietens, und auf diese Weise erhalten wir voneinander den bei weitem größten Teil all der Dienste, auf die wir gegenseitig angewiesen sind. Nicht von dem Wohlwollen des Fleischers, Brauers oder Bäckers erwarten wir das, was wir zum Essen brauchen, sondern von der Rücksichtnahme auf ihr eigenes Interesse. Wir wenden uns nicht an ihre Menschenliebe, sondern an ihr Selbstinteresse, und sprechen zu ihnen nie von unserem Bedarf, sondern von ihren Vorteilen.

Adam Smith: Untersuchung über Natur und Ursprung des Volkswohlstandes, Braunschweig 1949, S. 24ff.

Die unsichtbare Hand

Nun ist aber das Volkseinkommen eines Landes immer genauso groß wie der Tauschwert des gesamten Jahresertrags oder, besser, es ist genau dasselbe, nur anders ausgedrückt. Wenn daher jeder einzelne soviel wie nur möglich danach trachtet, sein Kapital zur Unterstützung der einheimischen Erwerbstätigkeit einzusetzen und dadurch diese so lenkt, dass ihr Ertrag den höchsten Wertzuwachs erwarten lässt, dann bemüht sich auch jeder einzelne ganz zwangsläufig, dass das Volkseinkommen im Jahr so groß wie möglich werden wird. Tatsächlich fördert er in der Regel nicht bewusst das Allgemeinwohl. [Vielmehr] strebt er lediglich nach eigenem Gewinn. Und er wird in diesem wie auch in vielen anderen Fällen von einer unsichtbaren Hand geleitet, um einen Zweck zu fördern, den zu erfüllen er in keiner Weise beabsichtigt hat. Ja, gerade dadurch, dass er das eigene Interesse verfolgt, fördert er häufig das der Gesellschaft nachhaltiger, als wenn er wirklich beabsichtigt, es zu tun.

Adam Smith: Wirtschaftspolitik, Buch 4 aus: Der Wohlstand der Nationen, Neuübertragung von H.C. Recktenwald, Verlag C.H. Beck, München 1974, S. 370f. (leicht gekürzt).

Das Auge des unparteiischen Zuschauers

Wenn uns immer alles das, was uns selbst betrifft, um so viel tiefer berührt als alles das, was andere betrifft, was ist es dann, was den Edelmütigen in allen Fällen, den niedrig Denkenden wenigstens manchmal fähig macht, seine eigenen Interessen den größeren Interessen anderer zu opfern? Es ist nicht die sanfte Gewalt der Menschlichkeit, es ist nicht jener schwache Funke von Wohlwollen, den die Natur im menschlichen Herzen entzündet hat, die derart imstande wären, den stärksten Antrieben der Selbstliebe entgegenzuwirken. Es ist eine stärkere Gewalt, ein zwingenderer Beweggrund, der sich in solchen Fällen äußert. Es ist Vernunft, Grundsatz, Gewissen, es ist der Inwohner unserer Brust, der innere Mensch, der große Richter und Schiedsherr über unser Verhalten. Er ist es, der uns, so oft wir im Begriffe stehen, so zu handeln, dass wir die Glückseligkeit anderer in Mitleidenschaft ziehen, mit einer Stimme, die imstande ist, unsere vermessensten Leidenschaften in Bestürzung zu versetzen, zuruft, dass wir, wenn wir uns so blind und so schändlich vor allen anderen den Vorzug geben, das Vergeltungsgefühl, den Abscheu und die Verwünschungen der Menschen verdienen. Dieser unparteiische Zuschauer allein lehrt uns die wirkliche Geringfügigkeit unseres eigenen Selbst und alles dessen, was uns angeht, erkennen und nur durch das Auge dieses unparteiischen Zuschauers können die natürlichen Täuschungen der Selbstliebe richtig gestellt werden. Er zeigt uns die Schönheit des Edelmuts und die Hässlichkeit der Ungerechtigkeit; er zeigt uns, wie schön es ist, auf den größten eigenen Vorteil zu verzichten und ihn dem noch größeren Interesse anderer Menschen aufzuopfern, und wie hässlich es ist, einem anderen auch nur das geringste Unrecht zuzufügen, um dadurch für uns selbst einen Vorteil zu erlangen, und wäre dieser auch noch so groß.

Smith: Theorie der ethischen Gefühle, a.a.O., S. 202 (leicht gekürzt).

Adolph von Menzel: Eisenwalzwerk (1875). Foto: akg-images, Berlin.

Karl Marx: Proletarier aller Länder, vereinigt euch!

■ *Karl Marx (1818–1883), Philosoph und Nationalökonom, wurde gemeinsam mit Friedrich Engels zum führenden Vertreter des wissenschaftlichen Sozialismus bzw. Kommunismus (auch: Marxismus) und verfasste gemeinsam mit diesem das ›Kommunistische Manifest‹ (veröffentlicht 1848) zur Unterstützung der Arbeiterbewegung.*

Das Kommunistische Manifest

In Deutschland unterstützen die Kommunisten die bürgerliche Revolution zur Abschaffung der Monarchie und des Feudalismus, ohne allerdings dabei ihre Hauptziele, Umsturz der bürgerlichen Gesellschaft und Aufhebung des Eigentums, aus dem Auge zu verlieren.

Mit einem Wort, die Kommunisten unterstützen überall jede revolutionäre Bewegung gegen die bestehenden gesellschaftlichen und politischen Zustände.

In allen diesen Bewegungen heben sie die Eigentumsfrage als die Grundfrage der Bewegung hervor. Die Kommunisten arbeiten endlich überall an der Verbindung und Verständigung der demokratischen Parteien aller Länder. Die Kommunisten erklären es offen, dass ihre Zwecke nur erreicht werden können durch den gewaltsamen Umsturz aller bisherigen Gesellschaftsordnung. Mögen die herrschenden Klassen vor einer kommunistischen Revolution zittern. Die Proletarier haben nichts in ihr zu verlieren als ihre Ketten. Sie haben eine Welt zu gewinnen.

Aus: Karl Marx / Friedrich Engels, Werke, Bd. 4, Dietz Verlag, Berlin 1959, S. 461–493 (leicht gekürzt).

Die sozialen Prinzipien des Christentums

Die sozialen Prinzipien des Christentums haben die antike Sklaverei gerechtfertigt, die mittelalterliche Leibeigenschaft verherrlicht und verstehen sich ebenfalls im Notfall dazu, die Unterdrückung des Proletariats, wenn auch mit etwas jämmerlicher Miene, zu verteidigen. Die sozialen Prinzipien des Christentums predigen die Notwendigkeit einer herrschenden und einer unterdrückten Klasse und haben für die letztere nur den frommen Wunsch, die erstere möge wohltätig sein.

Die sozialen Prinzipien des Christentums erklären alle Niederträchtigkeiten der Unterdrücker gegen die Unterdrückten entweder für gerechte Strafe der Erbsünde und sonstigen Sünden oder für Prüfungen, die der Herr über die Erlösten nach seiner unendlichen Weisheit verhängt.

Die sozialen Prinzipien des Christentums predigen die Feigheit, die Selbstverachtung, die Erniedrigung, die Unterwürfigkeit, die Demut, kurz alle Eigenschaften der Kanaille [des Gesindels] und das Proletariat, das sich nicht als Kanaille behandeln lassen will, hat seinen Mut, sein Selbstgefühl, seinen Stolz und seinen Unabhängigkeitssinn noch viel nötiger als sein Brot. Die sozialen Prinzipien des Christentums sind duckmäuserig und das Proletariat ist revolutionär.

Karl Marx in der Deutschen Brüsseler Zeitung vom 12.9.1847.

Man muss diese versteinerten Verhältnisse zum Tanzen bringen, dadurch, dass man ihnen ihre eigene Musik vorspielt. *Karl Marx*

Johann Hinrich Wichern: Die innere Mission der deutschen evangelischen Kirche

■ *Der evangelische Theologe Johann Hinrich Wichern (1808–1881) gründete in Hamburg das Rauhe Haus für verwahrloste Jugendliche, wies 1848 in einer Rede auf dem Wittenberger Kirchentag auf die Dringlichkeit der sozialen Frage hin und verfasste 1849 eine »Denkschrift«, die zum Gründungsdokument der »Inneren Mission« wurde, des Zusammenschlusses der Vereine und Anstalten der evangelischen Sozialarbeit in Deutschland.*

Aufgaben und Grundlagen der Inneren Mission
Kein innerer oder äußerer Notstand, dessen Hebung Aufgabe christlich rettender Liebe sein kann, ist der inneren Mission fremd, und die reichste Fülle der Hilfe steht ihr zu Gebot. Denn die Wurzel ihres Werkes ist Christus, dem alle Not zu Herzen geht und in dessen Herz die Hilfe gegen alles Elend zu finden ist. [...]
Wie der Staat mit dem Aufgebot ganz neuer Kräfte und der Anwendung so tief greifender Mittel, dass alle Staatsbürger sie empfinden und direkt oder indirekt dazu werden mitwirken müssen, den materiellen Pauperismus [Massenarmut] in allen seinen Gründen, Folgen und Wirkungen zu ergründen und zu bekämpfen hat, also auch die Kirche in ihrer Art den ihr angehörenden inneren Pauperismus, nämlich jene Erscheinungen der massenhaften sittlichen und christlichen Entartung im Volk. Wenn aber der Staat und die für ihn zu sorgen überkommen, heute noch vergeblich nach den Mitteln zur Abhilfe des materiellen Pauperismus suchen und ihm gegenüber ratlos stehen, so ist die Kirche bereits im Besitz der ihr nötigen Hilfe, deren Gesamtheit in der Entfaltung der Kräfte der inneren Mission enthalten ist. [...]
Die tiefste Quelle des Unheils, das über den Staat hereingebrochen ist, liegt in der Entfremdung und dem Abfall des Volkes von dem Wesen und Leben derjenigen Sittlichkeit, die ihr Maß und ihre Regel wie ihren Grund und ihr Ziel allein im Evangelium hat. Wir sprechen von einer Entfremdung des Volkes von Gott und verstehen unter Volk nicht eine gewisse Schicht der Gesellschaft, sondern das Ganze derselben, alle Stände, die unteren und oberen, alle Parteien, denn jener Schaden, die Wurzel alles Unheils, wirkt in allen mit treibender Kraft. [...]

Nicht nur Verbindungen für Hilfsbedürftige – auch Assoziation der Hilfsbedürftigen selbst
Alle Verbrüderungen und Verschwisterungen dieser Art sind bis jetzt nur Verbindungen für Hilfsbedürftige; die Personen der unteren Klassen, die der Hilfe bedürfen, stehen jenen Verbindungen, die ihnen Dienst und Hilfe bringen, doch immerhin vereinzelt gegenüber. Ein neuer Schritt, der noch getan werden und verfolgt werden muss, ist: christliche Assoziation der Hilfsbedürftigen selbst für deren soziale (Familie, Besitz und Arbeit betreffende) Zwecke zu veranlassen.
Bei dem Versuche der Verwirklichung solcher Verbrüderungen wird sich sehr bald ergeben, dass diese Selbsthilfe nur eine sehr mangelhafte, völlig ungenügende bleiben wird. Zur Erreichung des gewünschten Zieles wird es einer christlichen Assoziation der verschiedenen Arbeits- und Besitzstände, einer freien, neuen Einigung derer, die viel oder doch mehr, und derer, die wenig haben, bedürfen. Durch solche Verbindung und gegenseitige Handreichung würde auf der einen Seite der Geiz und die Furcht, auf der andern der Neid und der Zorn ersterben, nachdem Christus auf beiden Seiten die alles einigende Gestalt der Liebe gewonnen hätte, die alles vermag.

Johann Hinrich Wichern: Die innere Mission der deutschen evangelischen Kirche. Eine Denkschrift an die deutsche Nation (1849), in: Ders.: Ausgewählte Schriften, Band 3, hrsg. von Karl Janssen und Rudolf Sieverts (GTB 433), Gütersloh 1979, S. 151; 158; 172; 248f.

> Schuster, bleib bei deinem Leisten! Seelsorger, werde kein Wanstsorger! Predige dein reines Gotteswort, und im Übrigen lass den sorgen, der den Vögeln ihr Bett und ihr Futter bereitet hat und die Lilie auf dem Feld nicht lässt verderben.
>
> *Pastor Kittelhaus in Gerhard Hauptmanns Drama »Die Weber«*

Gustav Werner: Eine Fabrik nach den einfachen Gesetzen der göttlichen Gerechtigkeit

■ *Gustav Werner (1809–1887), evangelischer Geistlicher, gründete ein Waisenhaus, das so genannte Bruderhaus, und versuchte, eine Fabrik nach christlichen Prinzipien zu betreiben mit dem Leitbild: Bruderschaft und Gütergemeinschaft unter den Arbeitern anstelle von Gewinnmaximierung.*

Unbestritten ist, dass unsere gesellschaftlichen Zustände sehr krank sind und gebieterisch eine gründliche und allgemeine Heilung verlangen, wenn nicht eine völlige Auflösung eintreten soll. Alle bisher angewandten Mittel haben den Schlund des Elends nicht geschlossen; wie viel Gaben und Dienste die christliche Liebe oder kluge Berechnung in denselben hineinwarf, er tut sich immer gieriger und drohender auf. Eine durchgreifende, auf alle gesellschaftlichen Verhältnisse angewandte Erfüllung der einfachen Gesetze der göttlichen Gerechtigkeit ist das einzige, ausreichende Mittel, welches diesen Schlund schließen und statt desselben eine Quelle des Friedens und Segens für die Menschheit eröffnen kann. Schon längst bin ich von der Heilkraft dieses einfachen Mittels überzeugt; so fest mein Glaube ist, dass Jesus als Hohepriester meine Seele rettet, so gewiss glaube ich, dass Er als König der Gerechtigkeit die zerrüttete Gesellschaft rettet, und so Heiland der Welt im vollsten Sinne des Wortes ist; und weil ich glaube, darum rede ich; aber ich möchte auch meinen Glauben leben und der Welt in einer sichtbaren Erscheinung zeigen, was das Wort Gerechtigkeit wirkt, wenn es Fleisch wird. Ich glaubte, dies in keiner Weise entsprechender ausführen zu können als in der Einrichtung einer Fabrik nach den einfachen Gesetzen der göttlichen Gerechtigkeit.

Gustav Werner: Die Papierfabrik, aus: Der Friedensbote, 1851, S. 49f.

Die Bielefelder Anstalten »Bethel« (1895). Hauptarchiv der v. Bodelschwinghschen Anstalten, Bethel.

**Bischof Wilhelm Emanuel von Ketteler:
Die Religion unterstützt euch!**

■ *Wilhelm Emanuel Freiherr von Ketteler (1811–1877) erklärte bereits 1848 auf dem ersten großen Treffen der Katholiken in Deutschland in sechs Predigten die »großen sozialen Fragen der Gegenwart« zum zentralen Thema der Kirche. Als Bischof von Mainz hielt er im Jahr 1869 auf der Liebfrauenheide bei Offenbach vor einer großen Menschenmenge eine flammende Rede zur Arbeiterfrage:*

Die *erste* Forderung des Arbeiterstandes ist: eine dem wahren Wert der Arbeit entsprechende Erhöhung des Arbeiterlohnes. Diese Forderung ist im Allgemeinen höchst billig. Dass die menschliche Arbeit auch entsprechenden Lohn empfange, ist eine Forderung der Gerechtigkeit und des Christentums.
Die *zweite* Forderung des Arbeiterstandes ist die Verkürzung der Arbeitszeit.
Die *dritte* Forderung des Arbeiterstandes ist die Gewährung von Ruhetagen. Auch diese Forderung ist wohlberechtigt. Die Religion unterstützt euch nicht nur in dieser Forderung, sondern sie hat dieselbe lange vor euch geltend gemacht: Gott hat sie gestellt in dem Gebote: ›Gedenke, dass du den Sabbat heiligest!‹ (Ex 20,8)
Die *vierte* Forderung des Arbeiterstandes ist das Verbot der Arbeit der Kinder in den Fabriken für die Zeit, in welcher sie noch schulpflichtig sind. Die Religion mit ihrer großen Liebe zu den Kindern kann die Forderung auf Verbot der Kinderarbeit nur unterstützen. [...]
Überall [können] wir sehen, dass die Forderungen des Arbeiterstandes, so weit sie berechtigt sind, in der Religion und Sittlichkeit ihre wahre Stütze haben. Nur da würde ich euch warnen müssen, wo sie entweder das rechte Maß überschreiten oder egoistisch wie das Kapital werden oder in unklare, phantastische, sozialistische Bestrebungen ausarten [...].
Ihr sehet daraus, dass ihr auch als Katholiken euch den Bestrebungen und den Bewegungen im Arbeiterstande ohne Verletzung der Grundsätze eurer Religion in großem Umfange anschließen dürfet. Ihr sehet aber auch zugleich, dass alle diese Bestrebungen eitel und vergeblich sind, wenn nicht Religion und Sittlichkeit ihre Grundlage bilden.

Wilhelm Emmanuel Freiherr von Ketteler: Die Arbeiterbewegung und ihr Streben im Verhältnis zu Religion und Sittlichkeit. Rede auf der Liebfrauenheide bei Offenbach (1869), in: Ders.: Sämtliche Werke und Briefe, hrsg. von Erwin Iserloh. Abt. I, Bd. 2: Schriften, Aufsätze und Reden 1867–1870, bearb. von Erwin Iserloh u.a., v. Hase & Koehler Verlag Mainz 1978, S. 412–428 (gekürzt).

D Ethische Grundmodelle – Gerechtigkeitsvorstellungen

»Allen Menschen recht getan, ist eine Kunst, die niemand kann!« – Zu dieser alten Spruchweisheit erzählte der Schriftsteller Johann Peter Hebel (1760–1826) die hübsche Geschichte von einem Vater und einem Sohn, die mit einem Esel unterwegs sind und durch die Kommentare der Entgegenkommenden schließlich dazu gebracht werden, dass sie dem Tier die Beine zusammenbinden, einen Pfahl durchziehen und die Last auf ihren Schultern heim tragen.
Entscheiden müssen wir uns ständig. Und dabei gilt: Keine Entscheidung (oder: nichts tun) ist auch eine Entscheidung! Hinter jeder Entscheidung aber stehen Kriterien, die die Wahl beeinflussen (Kap. 10 und 12). Da stellt sich die Frage, an welchen Maßstäben wir unser Handeln ausrichten wollen: an dem, was wir am nützlichsten und sinnvollsten finden; an dem, was wir für »natürlich« halten (ist es das »Recht des Stärkeren«?); an einem allgemeinen, immer geltenden Prinzip oder an der Orientierung auf Einzelsituationen hin; an dem, was »gerecht« scheint oder auch an biblischen und christlichen Maßstäben? Doch wie sehen die aus? (Kap. 11)

10. Sich entscheiden

Jurek Becker: … woher nehmt ihr das Recht …?

■ *DDR, Sommer 1973, in der Nähe von Berlin. Der Abiturient Hans will sich mit Martha im Wochenendhaus seines Vaters treffen. Da wird er ungewollt zum Mitwisser: Im Häuschen halten sein Vater und zwei seiner Freunde ihren ehemaligen KZ-Aufseher gefangen und verhören und foltern ihn, weil sie sich von einem öffentlichen Gericht keine Gerechtigkeit versprechen. Der Schriftsteller Jurek Becker, 1937 im Ghetto von Lodz geboren und 1997 in Berlin an Krebs gestorben, erzählt diese Geschichte in seinem Werk »Bronsteins Kinder« mit Hans als Ich-Erzähler. Soeben hat er seinen Vater und dessen Kumpane bei einer Foltersitzung überrascht:*

Ich sagte: »Und wenn ihr hundertmal findet, dass die Leute und die Gerichte und das Land einen Dreck wert sind: woher nehmt ihr das Recht, euch wie die Fürsten über alles zu stellen?«
Er kratzte sich den Kopf, ich kannte diese Geste; so wie andere bis zehn zählen, so kratzte er sich den Kopf. Dann sagte er: »Lassen wir das.«
Ich sagte: »Gibt es nicht jedes Mal Unglück, wenn Leute sich Rechte herausnehmen, die ihnen nicht zustehen?«
»Möglich.«
»Wenn ihr euch zu Richtern dieses Mannes aufspielt«, sagte ich, »dann verletzt ihr nicht nur Gesetze …«
Ich unterbrach mich, weil ich den Satz unüberlegt begonnen hatte und keine Fortsetzung wusste. Das Tor war offen, und ich konnte nicht hindurchgehen. Vater ließ mir viel Zeit, wahrscheinlich spürte er, dass ich nicht in der Lage war, sie zu nutzen; die Pause war demütigend. Schließlich sagte er: »Verzichte doch darauf, mir einen Rat zu geben, auch wenn das schwer ist.«
Er steckte beide Hände in die Jackentaschen und ging. Ich sah zuletzt noch seinen weißen Kopf, der durch die Dunkelheit zu schweben schien. Weit hatte ich es nicht gebracht.
Auf dem Teich waren Kreise zu erkennen, die von Fischmäulern in die Wasseroberfläche gestoßen wurden. Nie wieder wollte ich so blind in eine Diskussion mit Vater hineintaumeln, ohne Argument, ohne Aussicht auf Erfolg. Zum ersten Mal kam mir der Verdacht, dass ich nur auf eine einzige Weise Einfluss nehmen könnte: indem ich zur Polizei ging, wie er es vorgeschlagen hatte.

Jurek Becker: Bronsteins Kinder. Roman, Lizenzausgabe der Süddeutschen Zeitung GmbH, München 2004, S. 68. © Suhrkamp Verlag, Frankfurt a. M.

> Darf einer, der mit dreißig geschlagen wird, mit sechzig zurückschlagen?
>
> *Jurek Becker, Bronsteins Kinder*

Das Gefangenendilemma

Zwei Gefangene werden verdächtigt, gemeinsam eine Straftat begangen zu haben. Die Höchststrafe für das Verbrechen beträgt fünf Jahre. Beiden Gefangenen wird nun ein Handel angeboten, worüber auch beide informiert sind. Wenn einer gesteht und somit seinen Partner mitbelastet, kommt er davon – der andere muss die vollen fünf Jahre absitzen. Entscheiden sich beide zu schweigen, bleiben nur Indizienbeweise, die aber ausreichen, um die beiden für zwei Jahre einzusperren. Gestehen aber beide die Tat, erwartet jeden eine Gefängnisstrafe von vier Jahren. Nun werden die Gefangenen unabhängig voneinander befragt. Es besteht weder vor noch während der Befragung die Möglichkeit für die beiden, sich untereinander abzusprechen.

> ›Es macht den Menschen nicht immer glücklich, das Richtige zu tun‹, meinte Kadife.
> ›Richtig ist das, was uns glücklich macht‹, entgegnete Ka.
>
> *Der türkische Nobelpreisträger Orhan Pamuk in seinem Roman »Schnee«*

Fernando Savater: Tu, was Du willst

■ *Fernando Savater (geb. 1947), Professor für Ethik an der Universität von Bilbao, hat mehrere auch für Jugendliche interessante Bücher über Fragen der Ethik, Politik und Religion geschrieben.*

Tu, was Du willst

Was will ich Dir sagen mit dem »Tu, was Du willst« als grundlegendem Motto dieser Ethik, an die wir uns herantasten wollen? Ganz einfach – auch wenn es Dir schwer fallen wird: Du musst Dich befreien von Befehlen und Gebräuchen, von Belohnung und Strafe, kurz von allem, was Dich von außen lenken will, und Du musst diese ganze Angelegenheit aus Dir selbst heraus, aus Deinem Gewissen und freien Willen entwickeln. Frage niemanden, was Du mit Deinem Leben anfangen sollst: Frage Dich selbst. Wenn Du wissen willst, wozu Du Deine Freiheit am besten einsetzen kannst, dann verliere sie nicht, indem Du Dich von Anfang an anderen unterwirfst, mögen sie auch noch so gut, weise und angesehen sein: Befrage über den Gebrauch der Freiheit – die Freiheit selbst.

Klar, weil Du ein kluger Kopf bist, hast Du wahrscheinlich bereits bemerkt, dass es hier einen gewissen Widerspruch gibt. Wenn ich Dir sage, »Tu, was Du willst«, sieht es so aus, als ob ich Dir regelrecht einen Befehl gebe: »Tu dies und nicht das«, auch wenn der Befehl darin besteht, dass Du aus freiem Willen handeln sollst. Wahrhaftig der komplizierteste Befehl, wenn man ihn aus der Nähe betrachtet! Wenn Du ihn ausführst, gehorchst Du ihm nicht (weil Du nicht das tust, was Du willst, sondern was ich will); wenn Du dem Befehl nicht gehorchst, führst Du ihn aus (weil Du das tust, was Du willst, und nicht das, was ich Dir befehle – aber das ist genau das, was ich Dir befehle!). Glaub mir, ich will Dir kein Rätsel aufgeben, wie die auf der Freizeitseite in den Zeitungen. Wenn ich Dir das alles auch mit einem Lächeln zu sagen versuche, damit wir uns nicht mehr als nötig langweilen, ist die Angelegenheit doch ernst: Es geht hier nicht darum, sich die Zeit zu vertreiben, sondern sie gut zu nutzen. Der offensichtliche Widerspruch, der in dem »Tu, was Du willst« steckt, ist nur ein Reflex des Kernproblems der Freiheit: dass wir nicht frei sind, nicht frei zu sein, dass wir nicht anders können, als frei zu sein. Und wenn Du mir sagst, das sei ja alles schön und gut, aber Du hättest genug und wolltest nicht länger frei sein? Und wenn Du entscheidest, Dich dem Meistbietenden als Sklave anzubieten, oder zu schwören, dass Du in allem und für immer diesem oder jenem Tyrannen gehorchen willst? Dann tust Du das, weil Du es so willst, also freiwillig; und auch wenn Du einem anderen gehorchst oder mit dem Strom schwimmst, handelst Du weiter so, wie es Dir lieber ist: Du verzichtest dann nicht darauf zu wählen, sondern Du wählst, nicht selbst zu wählen. Daher sagte der französische Philosoph Jean-Paul Sartre: »Wir sind zur Freiheit verdammt.« Von dieser Verdammung gibt es keine Begnadigung.

Das Recht, einzigartig zu sein

Das erste der Menschenrechte ist das Recht, mehr oder weniger einzigartig zu sein. Und niemand hat das Recht, den anderen zu verpflichten, dass er zu seinem Besten aufhört, »einzigartig« zu sein, außer dass seine »Einzigartigkeit« darin besteht, direkt und eindeutig dem Nächsten Schaden zuzufügen.

Wainer Vaccari: Kain und Abel (1997). Levy Gallery.
© Wainer Vaccari/courtesy Levy Gallery.

Einer mitfühlenden Gerechtigkeit fähig sein

Ich habe gerade das Wort »Recht« gebraucht. Weißt Du warum? Weil die schwierige Kunst, sich in die Lage des Nächsten zu versetzen, zum großen Teil mit dem zu tun hat, was seit alters her Gerechtigkeit genannt wird, die Fähigkeit und Mühe, die sich jeder Einzelne geben muss, wenn wir gut leben wollen, zu verstehen, was unsere Mitmenschen von uns erwarten können.

Um überhaupt zu verstehen, was der andere von Dir erwarten kann, gibt es keinen anderen Weg, als ihn ein bisschen zu lieben, wenn auch nur deshalb, weil er ebenfalls ein Mensch ist – und diese kleine, aber äußerst wichtige Liebe kann kein Gesetz erzwingen. Wer gut lebt, muss einer mitfühlenden Gerechtigkeit fähig sein, eines gerechten Mitgefühls.

Fernando Savater: Tu, was Du willst. Ethik für die Erwachsenen von morgen, übers. v. Wilfried Hof, Campus Verlag, Frankfurt a. M./New York 1994, S. 57f.; 110f. (gekürzt).

Das Leben ist ungerecht, aber denke daran, nicht immer zu deinen Ungunsten.

John F. Kennedy

11. Entscheidungen begründen

Steven Lukes: Stellen wir uns eine Gesellschaft vor …

■ *In einem Gedankenexperiment stellt der in Florenz lehrende Politologe Steven Lukes (geb. 1941) fünf Gesellschaftsformen vor, die sich an unterschiedlichen Werten orientieren.*

Stellen wir uns eine Gesellschaft vor, der wir den Namen *Utilitaria* geben wollen. Die Utilitarier besitzen einen ausgeprägten Gemeinschaftssinn. Ihr höchstes und einziges Ziel ist die Maximierung des Gesamtnutzens. Traditionell ist damit »das größtmögliche Glück für die größtmögliche Zahl« gemeint (so lautet der Wahlspruch des Landes), doch in neuerer Zeit kam es zu Streitigkeiten über die Frage, was denn Nutzen sei. Manche sagen, Nutzen sei dasselbe wie Wohlfahrt, gemessen an objektiven Indikatoren wie Einkommen, medizinischer Versorgung, Wohnsituation usw. Andere sind in dieser Frage eher von mystischer Denkungsart und sehen im Nutzen ein inneres Glühen, einen undefinierbaren subjektiven Zustand, nach dem alle Menschen streben. Andere sagen, es sei lediglich die Befriedigung jedes beliebigen Wunsches. Wieder andere sagen, es sei die Befriedigung jener Wünsche, welche die Menschen haben sollten oder welche sie hätten, wenn sie nur vollständig informiert und hinreichend sensibel wären. Und wiederum andere sagen, düsterer von Gemüt, es sei lediglich die Vermeidung von Leid. Für sie ist das »größtmögliche Glück« gleichbedeutend mit dem »geringstmöglichen Unglück«. Trotz all dieser Unterschiede scheinen die Utilitarier sich jedoch in einem Punkte einig zu sein: Es zählt nur, was sich zählen lässt. Der beliebteste Besitz jedes Utilitariers ist ein Taschenrechner. Wenn sie vor der Frage stehen, was zu tun sei, übersetzen sie sie unausweichlich in die Frage, welche Möglichkeit insgesamt den größten Nutzen erbringt. Rechnen ist ihre nationale Obsession. [...]

Wir wollen nun ein ganz anderes Land besuchen, das den Namen *Kommunitaria* trägt. Die Kommunitarier sind zumindest untereinander freundlicher als die Utilitarier, doch ihr Gemeinschaftssinn ist gleichfalls hoch entwickelt. Vielleicht ist »Freundlichkeit« eine allzu oberflächliche Kennzeichnung ihres Verhaltens. Die wechselseitigen Bindungen machen ihr eigentliches Wesen aus. Sie können sich gar nicht vorstellen, ungebunden und von den anderen losgelöst zu sein; eine derartige Schreckensvision bezeichnen sie als »Atomismus« und empfinden sie als Alptraum. Sie sagen, sie hätten »ihren Platz« in der Gemeinschaft und fühlten sich darin »geborgen«. Sie identifizieren sich miteinander und begreifen sich selbst als Wesen, die sich miteinander identifizieren. Überhaupt könnte man sagen, dass die Identität die nationale Obsession der Kommunitarier ist. […]

Jetzt möchte ich Sie an einen anderen Ort führen, nach *Proletaria*, so in nostalgischer Erinnerung nach jener Klasse benannt, die es einst schuf, inzwischen aber längst mit allen anderen Klassen verschwunden ist. Proletaria kennt keinen Staat; auch der ist abgestorben. Tatsächlich ist Proletaria gar kein Land, sondern umfasst die ganze Welt.
Die Proletarier führen ein ausgesprochen vielseitiges, erfülltes Leben. Morgens gehen sie auf die Jagd, nachmittags fischen sie, abends kümmern sie sich um das Vieh, und nach dem Abendessen ist Zeit für Diskussionen. […]

Ein Land, in dem nach Ansicht der Menschen das Recht blüht und gedeiht, ist *Libertaria*. Das Leben dort ist gänzlich und ausschließlich nach Marktprinzipien organisiert. Dort kann man alles kaufen und verkaufen; alles was einen Wert hat, hat auch einen Preis und wird zum Objekt der nationalen Obsession der Libertarier gemacht: der Kosten-Nutzer-Analyse. Das fundamentalste und von allen am höchsten geschätzte Recht ist das Recht auf Eigentum, das mit dem Eigentum des Einzelnen an seiner eigenen Person beginnt und sich von dort (wie die Libertarier gerne sagen) auf alles ausdehnt, das er »mit seiner Arbeit verbindet«. Sie sind Eigentümer ihrer Talente und Fähigkeiten, und wenn sie diese Fähigkeiten entfalten oder weiterentwickeln, beanspruchen sie auch das Recht an allem, was der Markt dafür bietet. So erzählen sie gerne die Geschichte des bekannten Basketballspielers Wilt Chamberlain, für den Tausende bereitwillig Eintritt bezahlen, um ihm zuschauen zu können. Wäre es gerecht, fragen sie, ihm diese Belohnung vorzuenthalten und anderen zukommen zu lassen? [...]

Ist *Egalitaria* solch ein Ort? Egalitaria ist eine Gesellschaft mit einem einheitlichen sozialen Status, und zwar in dem Sinne, dass alle Egalitarier als gleichwertig gelten. Das Wohlbefinden und die Freiheit des einen gelten geradeso gut wie die des anderen. Die Grundfreiheiten, die Rechtsstaatlichkeit, Toleranz und Chancengleichheit werden von der Verfassung garantiert. Aber die Egalitarier verwirklichen diese Ideale auch, indem sie sich bemühen, die Lebensbedingungen für alle Menschen so zu gestalten, dass gleiche Rechte für ihre Inhaber auch von gleichem Wert sind. Sie sind zwar unterschiedlicher Meinung, wie das erreicht werden kann, aber nach einer weit verbreiteten Auffassung geht es in erster Linie um die Schaffung einer wirtschaftlichen und politischen Struktur, die allen Vorteile bringt und zugleich das Schwergewicht auf den Versuch legt, die Lebensbedingungen der Schlechtergestellten zu verbessern. Nach dieser Auffassung ist Ungleichheit nur insofern gerechtfertigt, als sie die Lage der Schlechtergestellten zu verbessern vermag. Alle stimmen darin überein, dass eine progressive Besteuerung und ein Wohlfahrtssystem einen Mindeststandard für alle sichern.

Steven Lukes: Fünf Fabeln über Menschenrechte, in: Stephen Shute / Susan Hurley (Hrsg.): Die Idee der Menschenrechte, Fischer Taschenbuch Verlag Frankfurt a.M. 1996, S. 30ff. (gekürzt).

Vertreter von drei der im Gedankenexperiment von Steven Lukes genannten Modelle finden sich auf den beiden folgenden Seiten: Utilitarismus (Bentham und Mill), Egalitarismus (Rawls) und Kommunitarismus (Walzer); die anderen in anderen Kapiteln des Heftes: Proletaria (Karl Marx) S. 21 sowie Libertaria in verschiedenen Varianten: S. 22 (Adam Smith); S. 52 (Angela Merkel); S. 63 (Milton Friedman).

Bruce Nauman: Gerechtigkeit/Geiz (Installation Sieben Tugenden und sieben Laster), 1984/93. Foto: Konrad Fischer Galerie.
© VG Bild-Kunst, Bonn 2008.

Jeremy Bentham: Das Prinzip der Nützlichkeit

■ *Jeremy Bentham (1748–1832), engl. Jurist und Philosoph, begründete mit seinem Prinzip der »Nützlichkeit« den so genannten Utilitarismus (von lat. utilitas = Brauchbarkeit, Nutzen).*

Unter dem Prinzip der Nützlichkeit ist jenes Prinzip zu verstehen, das schlechthin jede Handlung in dem Maß billigt oder missbilligt, wie ihr die Tendenz innezuwohnen scheint, das Glück der Gruppe, deren Interesse in Frage steht, zu vermehren oder zu vermindern [...].
Für eine Anzahl von Personen wird der Wert einer Freude oder eines Leids gemäß sieben Umständen größer oder kleiner sein, nämlich: a) die *Intensität*, b) die *Dauer*, c) die *Gewissheit* oder *Ungewissheit*, d) die *Nähe* oder *Ferne*, e) die *Folgenträchtigkeit*, f) die *Reinheit* einer Freude oder eines Leids. Hinzu kommt ein weiterer Umstand, nämlich g) das *Ausmaß*, das heißt die Anzahl der Personen, auf die Freude oder Leid sich *erstrecken* oder (mit anderen Worten) die davon betroffen sind.
Wenn man also die allgemeine Tendenz einer Handlung, durch die die Interessen einer Gemeinschaft betroffen sind, genau beschreiben will, verfahre man folgendermaßen. Man addiere die Werte aller *Freuden* auf der einen und die aller *Leiden* auf der anderen Seite. Wenn die Seite der Freude überwiegt, ist die Tendenz der Handlung insgesamt *gut*; überwiegt die Seite des Leids, ist ihre Tendenz insgesamt *schlecht*.

Aus Otfried Höffe (Hrsg.): Einführung in die utilitaristische Ethik, Francke-Verlag, Tübingen, 4. Aufl. 2008, S. 56; 80f. (leicht gekürzt).

John Stuart Mill: Der Utilitarismus

■ *Der nach Bentham zweite große Vertreter des Utilitarismus, der Brite John Stuart Mill (1806–1873), war nicht nur Philosoph, sondern auch Wirtschaftswissenschaftler und Politiker. Sein Werk »Utilitarismus« (1861) wird bis heute aufgelegt und gelesen:*

Das Glück aller Betroffenen
Ich muss noch einmal auf das zurückkommen, was die Gegner des Utilitarismus nur selten zur Kenntnis nehmen wollen: dass das Glück, das den utilitaristischen Maßstab des moralisch richtigen Handelns darstellt, nicht das Glück des Handelnden selbst, sondern das Glück aller Betroffenen ist. Der Utilitarismus fordert von jedem Handelnden, zwischen seinem eigenen Glück und dem der andern mit ebenso strenger Un-parteilichkeit zu entscheiden wie ein unbeteiligter und wohlwollender Zuschauer. In der goldenen Regel, die Jesus von Nazareth aufgestellt hat, finden wir den Geist der Nützlichkeitsethik vollendet ausgesprochen. Die Forderungen, sich dem andern gegenüber so zu verhalten, wie man möchte, dass er sich einem selbst gegenüber verhält, und den Nächsten zu lieben wie sich selbst, stellen die utilitaristische Moral in ihrer höchsten Vollkommenheit dar.

Zusammenhang von Gerechtigkeit und Nützlichkeit
Alle Menschen haben ein *Recht* auf gleiche Behandlung, außer dann, wenn ein anerkanntes Gemeinschaftsinteresse das Gegenteil erfordert. Daher wird jede soziale Ungleichheit, deren Nutzen für die Gesellschaft nicht mehr einsichtig ist, nicht nur zu einer Unzuträglichkeit, sondern zu einer Ungerechtigkeit und nimmt eine so tyrannische Erscheinungsform an, dass manche sich wundern, wie man sie jemals hat dulden können. Dabei vergessen sie allerdings, dass sie vielleicht selbst – befangen in falschen Nützlichkeitsvorstellungen – Ungleichheiten dulden, die, sobald sie darüber aufgeklärt werden, ihnen ebenso ungeheuerlich erscheinen wie die, die sie am Ende zu verurteilen gelernt haben. Die Geschichte des sozialen Fortschritts war insgesamt eine Folge von Übergängen, in der eine gesellschaftliche Norm und eine Institution nach der andern von einer vermeintlich grundlegenden Notwendigkeit der gesellschaftlichen Existenz zu einer allerseits gebrandmarkten Ungerechtigkeit und Tyrannei wurde. So war es mit der Diskriminierung zwischen Sklaven und Freien, Edelleuten und Leibeigenen, Patriziern und Plebejern, und so wird es sein und ist es teilweise schon mit den Aristokratien von Hautfarbe, Rasse und Geschlecht.

John Stuart Mill: Der Utilitarismus, hrsg. von D. Birnbacher, Philipp Reclam Verlag, Stuttgart 2004, S. 30. 109f.

Es ist besser, ein unzufriedener Mensch zu sein als ein zufrieden gestelltes Schwein.

John Stuart Mill, 1861

John Rawls: Gerechtigkeit als Fairness

■ *John Rawls (1921–2002) lehrte Philosophie an der Harvard University. Sein Hauptwerk »A Theory of Justice« (1971) ist zum Standardwerk für die Diskussion über die Gerechtigkeit geworden, ergänzt und modifiziert durch weitere Werke, insbesondere »Justice as Fairness« (2001).*

Die Wahl von Grundsätzen im Urzustand
Ich behaupte, dass die Menschen im Urzustand zwei Grundsätze wählen würden: einmal die Gleichheit der Grundrechte und -pflichten; zum anderen den Grundsatz, dass soziale und wirtschaftliche Ungleichheiten, etwa verschiedener Reichtum oder verschiedene Macht, nur dann gerecht sind, wenn sich aus ihnen Vorteile für jedermann ergeben, insbesondere für die schwächsten Mitglieder der Gesellschaft. Nach diesen Grundsätzen kann man Institutionen nicht damit rechtfertigen, dass den Unbilden einiger ein größerer Gesamtnutzen gegenüberstehe. Es ist vielleicht zweckmäßig, aber nicht gerecht, dass einige weniger haben, damit es den anderen besser geht. Es ist aber nichts Ungerechtes an den größeren Vorteilen weniger, falls es dadurch auch den nicht so Begünstigten besser geht.

Zwei Gerechtigkeitsprinzipien
a) Jede Person hat den gleichen unabdingbaren Anspruch auf ein völlig adäquates [angemessenes] System gleicher Grundfreiheiten, das mit demselben System von Freiheiten für alle vereinbar ist.
b) Soziale und ökonomische Ungleichheiten müssen zwei Bedingungen erfüllen: erstens müssen sie mit Ämtern und Positionen verbunden sein, die unter Bedingungen fairer Chancengleichheit allen offen stehen; und zweitens müssen sie den am wenigsten begünstigten Angehörigen der Gesellschaft den größten Vorteil bringen (Differenzprinzip).

Das Unterschiedsprinzip
Die von der Natur Bevorzugten dürfen keine Vorteile haben, bloß weil sie begabter sind, sondern nur zur Deckung der Kosten ihrer Ausbildung und zu solcher Verwendung ihrer Gaben, dass auch den weniger Begünstigten geholfen wird. Niemand hat seine besseren natürlichen Fähigkeiten oder einen besseren Startplatz in der Gesellschaft verdient. Das ist natürlich kein Grund, diese Unterschiede zu übersehen oder gar zu beseitigen. Vielmehr lässt sich die Grundstruktur so gestalten, dass diese Unterschiede auch den am wenigsten Begünstigten zugute kommen. Man wird also auf das Unterschiedsprinzip geführt, wenn man das Gesellschaftssystem so gestalten möchte, dass niemand von seinem zufälligen Platz in der Verteilung der natürlichen Gaben oder seiner Ausgangsposition in der Gesellschaft Vor- oder Nachteile hat, ohne einen Ausgleich zu geben oder zu empfangen.

Erster und letzter Abschnitt aus: John Rawls, Eine Theorie der Gerechtigkeit. Übers. von Hermann Vetter, Suhrkamp Verlag Frankfurt a. M., 16. Aufl. 2009, S. 31f; 122f. – Mittlerer Abschnitt aus: John Rawls, Gerechtigkeit als Fairneß. Ein Neuentwurf, hrsg. von E. Kelly, übers. von J. Schulte, Suhrkamp Verlag Frankfurt a. M. 2003, S. 77f.

Michael Walzer: Sphären der Gerechtigkeit

■ *Der an der Princeton University lehrende amerikanische Sozialphilosoph Michael Walzer (geb. 1935), einer der Hauptvertreter des Kommunitarismus (Lehre vom »Gemeinwesen«) kritisiert John Rawls Gerechtigkeitsverständnis.*

Der gerechte Anteil
Was ist ein rechtmäßiger Anteil? Genau genommen sind es zwei Fragen, die es in diesem Zusammenhang zu stellen bzw. zu beantworten gilt. Die erste betrifft die Art und die Bandbreite der Güter, die ge- und verteilt werden sollen, und damit die Grenzen der Sphäre von Sicherheit und Wohlfahrt. Die zweite betrifft die Distributionsprinzipien [Verteilungsprinzipien]; die innerhalb der Sphäre angemessen sind.
Wenn wir Nahrungsmittel verteilen, wird unsere Aufmerksamkeit voll und ganz auf den Zweck der Vergabe gerichtet sein: auf das Stillen von Hunger. Dies ist die innere, die soziale und moralische Logik von Versorgung und Fürsorge. Wenn die Gemeinschaft sich dazu entschließt, bestimmte Bedarfsgüter bereitzustellen, dann muss sie dies für alle Mitglieder, die ihrer bedürfen, in gleicher Weise gemäß deren Bedürfnissen tun.
Da die Definition von Erziehung und Bildung Fragen nach der Kultur impliziert, ist sie nicht nur weniger leicht zu gewinnen, sie dürfte auch unser Verständnis von den Möglichkeiten und Grenzen distributiver [verteilender] Gerechtigkeit in der Sphäre von Sicherheit und Wohlfahrt eher erschweren. Unwissenheit ist offensichtlich insofern eine weniger eindeutige Kategorie als Hunger oder Körperbeschädigung, als sie immer relativ ist bzw. gemessen wird an einem gesellschaftlich hochgeschätzten Wissenssystem. Die Erziehung und Ausbildung, welche Kinder brauchen, steht in Relation zu dem Leben, das später zu führen die Erwachsenen von ihnen erwarten oder erhoffen.

Aus dem Vorwort zur deutschen Auflage
Verteilungsgerechtigkeit (aber nicht jede andere Art von Gerechtigkeit) steht in Relation zu sozialen Sinnbezügen.
Es gibt einfach keine einzig richtige Verteilungsregel oder einen konsistenten [widerspruchsfreien] Satz von Verteilungsregeln, nach der man alle heute begehrten Güter verteilen könnte. Dies ist der Punkt meiner Meinungsverschiedenheit mit John Rawls und anderen Philosophen, deren »Gerechtigkeitsprinzipien« in der Lage sein sollen zu bestimmen, wie alle wichtigen Güter verteilt werden sollen. Dagegen möchte ich die allgemeine Vorstellung von einer Eigenständigkeit von Gerechtigkeitsregeln und von der Autonomie einzelner Verteilungssphären vertreten. Keine einzelne sachliche Verteilungsregel kann Allgemein-Zuständigkeit beanspruchen, aber dennoch gibt es eine universelle Verfahrensregel: Jedes Gut soll nach den Geltungskriterien seiner eigenen »Sphäre« zugeteilt werden.

Michael Walzer: Sphären der Gerechtigkeit. Ein Plädoyer für Pluralität und Gleichheit, übers. von H. Herkommer, Campus Verlag Frankfurt a. M./New York 1992, S. 122–124; 11f. (gekürzt).

Immanuel Kant: Ein allgemeines Gesetz

■ *Der Königsberger Philosoph Immanuel Kant (1724–1804) hat nicht nur eine fundamentale Erkenntnistheorie (»Kritik der reinen Vernunft«), sondern auch eine ebenso grundlegende Ethik (u. a. »Kritik der praktischen Vernunft«) formuliert. Darin spielt der so genannte Kategorische Imperativ eine entscheidende Rolle:*

Der kategorische Imperativ

Pflicht ist die Notwendigkeit einer Haltung aus Achtung fürs Gesetz. Was kann das aber wohl für ein Gesetz sein, dessen Vorstellung, auch ohne auf die daraus erwartete Wirkung Rücksicht zu nehmen, den Willen bestimmen muss, damit dieser ohne Einschränkung gut heißen könne? – Ich soll niemals anders verfahren, als so, *dass ich auch wollen könne, meine Maxime solle ein allgemeines Gesetz werden.*
Was ich also zu tun habe, damit mein Wollen sittlich gut sei, dazu brauche ich gar keine weit ausholende Scharfsinnigkeit. Ich frage mich nur: Kannst du auch wollen, dass deine Maxime ein allgemeines Gesetz werde? Wo nicht, so ist sie verwerflich.
Es wäre hier leicht zu zeigen, wie die Menschenvernunft mit diesem Kompass in der Hand, in allen vorkommenden Fällen Bescheid wisse zu unterscheiden, was gut, was böse, pflichtmäßig oder pflichtwidrig sei [...].

Immanuel Kant: Grundlegung zur Metaphysik der Sitten, in: Werke (in zehn Bänden), Bd. 6, hrsg. von W. Weischedel, Wissenschaftliche Buchgesellschaft Darmstadt, Sonderausgabe 1983, S. 26–31 (gekürzt und stilistisch leicht angepasst).

Der Sieg des guten Prinzips über das Böse

Der Kampf, den ein jeder moralisch wohlgesinnter Mensch, unter der Anführung des guten Prinzips gegen die Anfechtungen des bösen, in diesem Leben bestehen muss, kann ihm, wie sehr er sich auch bemüht, doch keinen größern Vorteil verschaffen als die Befreiung von der *Herrschaft* des letztern. Dass er *frei*, dass er »der Knechtschaft unter dem Sündengesetz entschlagen wird, um der Gerechtigkeit zu leben«, das ist der höchste Gewinn, den er erringen kann. Den Angriffen des letztern bleibt er nichts desto weniger noch immer ausgesetzt; und [um] seine Freiheit, die beständig angefochten wird, zu behaupten, muss er forthin immer zum Kampfe gerüstet bleiben.

Immanuel Kant: Die Religion innerhalb der Grenzen der bloßen Vernunft, in: Werke, Bd. 7, a.a.O., S. 751.

Handle so, dass die Maxime deines Willens jederzeit zugleich als Prinzip einer allgemeinen Gesetzgebung gelten könne. *Der Philosoph Immanuel Kant*

Handle so, dass die Wirkungen deines Handelns verträglich sind mit der Permanenz echten menschlichen Lebens auf der Erde. *Der Philosoph Hans Jonas*

Ich bin Leben, das leben will inmitten von Leben, das leben will. *Der Theologe, Musiker und Arzt Albert Schweitzer*

Iustitia auf dem Bronzeportal des Baptisteriums in Florenz (14. Jh.).

Hans Jonas: Was heißt »unverantwortlich handeln«?

■ *Der deutsch-amerikanische Philosoph und Religionswissenschaftler Hans Jonas (1903–1993) wurde einer breiten Öffentlichkeit besonders durch sein Werk »Das Prinzip Verantwortung« (1979) bekannt, aus dem die folgenden Überlegungen stammen:*

Der Glücksspieler, der im Kasino sein Vermögen aufs Spiel setzt, handelt leichtsinnig; wenn es nicht seines, sondern eines Andern ist, dann verbrecherisch; aber wenn er Familienvater ist, dann unverantwortlich auch bei unstreitigem Eigentum und einerlei, ob er verliert oder gewinnt. Das Beispiel sagt: Nur wer Verantwortungen hat, kann unverantwortlich handeln. Der waghalsige Fahrer ist leichtsinnig für sich, aber unverantwortlich, wenn er damit auch Passagiere gefährdet. Das Wohlergehen, das Interesse, das Schicksal Anderer ist, durch Umstände oder Vereinbarung, in meine Hut gekommen, was heißt, dass meine Kontrolle darüber zugleich meine Verpflichtung dafür einschließt. Der Kapitän ist Meister des Schiffes und seiner Insassen und trägt die Verantwortung dafür; der Millionär unter den Passagieren, der zufällig Hauptaktionär der Schifffahrtsgesellschaft ist und den Kapitän anstellen oder entlassen kann, hat im Ganzen größere Macht, aber nicht innerhalb der Situation. Der Kapitän würde unverantwortlich handeln, wenn er dem Gewaltigen gehorchend gegen sein besseres Urteil handeln würde, zum Beispiel um einen Geschwindigkeitsrekord zu schlagen. Im gegenwärtigen Verhältnis ist er der Überlegene und kann darum die Verantwortung haben.

Hans Jonas: Das Prinzip Verantwortung. Versuch einer Ethik für die technologische Zivilisation, Suhrkamp Verlag, Frankfurt a. M. 2003, S. 176 (leicht gekürzt).

Charles Darwin: Zur Evolution der Moral

■ *Der englische Privatgelehrte Charles Darwin (1809–1882), der mit seinem Hauptwerk »Über die Entstehung der Arten durch natürliche Zuchtwahl« (1859) die moderne Abstammungslehre begründete, schrieb auch ein grundlegendes Werk zur »Abstammung des Menschen« (1871). Daraus stammt der folgende Textabschnitt:*

Die Tugenden, welche wenigstens im Allgemeinen von den Urmenschen geübt werden mussten, um zu ermöglichen, dass sie überhaupt zu Verbänden zusammentreten konnten, sind dieselben, die auch heute noch als die wichtigsten gelten. Sie werden jedoch fast ausschließlich nur innerhalb der Gemeinschaft eines Stammes gepflegt. Kein Stamm könnte mehr zusammenhalten, wenn Mord, Raub, Verrat an der Tagesordnung wären. Folglich werden solche innerhalb eines Stammes ausgeführte Verbrechen mit ewiger Schmach gebrandmarkt, obgleich sie jenseits dieser Grenze nicht unter dieses Urteil fallen. Ein nordamerikanischer Indianer ist sehr mit sich zufrieden, wenn er einen Angehörigen eines anderen Stammes skalpiert [...].
Wenn der Mensch in der Kultur fortschreitet und kleine Stämme zu größeren Gemeinwesen sich vereinigen, so führt die einfachste Überlegung jeden Einzelnen schließlich zu der Überzeugung, dass er seine sozialen Instinkte und Sympathien auf alle, also auch auf die ihm persönlich unbekannten Glieder desselben Volkes auszudehnen habe. Wenn er einmal an diesem Punkte angekommen ist, kann ihn nur noch eine künstliche Schranke hindern, seine Sympathien auf die Menschen aller Nationen und aller Rassen auszudehnen. Wenn diese Menschen sich in ihrem Äußeren und ihren Gewohnheiten bedeutend von ihm unterscheiden, so dauert es, wie uns leider die Erfahrung lehrt, lange, bevor er sie als seine Mitmenschen betrachten lernt. Wohlwollen über die Schranken der Menschheit hinaus, das heißt Menschlichkeit gegen die Tiere, scheint eines der am spätesten erworbenen sittlichen Güter zu sein. [...]
Es darf nicht übersehen werden, dass, wenn auch ein hoher Grad von Sittlichkeit jedem einzelnen Mann mit seinen Kindern nur ein geringes Übergewicht über die anderen Menschen desselben Stammes gibt, eine Vermehrung der Zahl gut begabter Menschen und ein Fortschritt der Sittlichkeit doch dem ganzen Stamm eine ungeheure Überlegenheit über alle anderen Stämme verleiht. Wenn ein Stamm viele Mitglieder besitzt, die aus Patriotismus, Treue, Gehorsam, Mut und Sympathie stets bereitwillig anderen helfen und sich für das allgemeine Wohl opfern, so wird er über andere Völker den Sieg davontragen; dies würde natürliche Zuchtwahl sein. Zu allen Zeiten sind in der ganzen Welt Stämme von anderen zurückgedrängt worden; und da die Sittlichkeit ein wichtiges Mittel zu ihrem Erfolg ist, wird der Grad der Sittlichkeit und die Zahl gut befähigter Menschen überall höher und größer werden.

Charles Darwin: Die Abstammung des Menschen, Kröner Taschenbuchausgabe, Bd. 28, Alfred Kröner Verlag Stuttgart, 5. Aufl. 2002, S. 147f., 155f., 169f.

Eugène Ionesco: Die Nashörner

■ *Der rumänisch-französische Dramatiker Eugène Ionesco (1909–1994), einer der Hauptvertreter des »absurden Theaters«, schildert in seinem Theaterstück »Die Nashörner« (1959) eine Stadt, in der sich die Menschen nach und nach alle in Dickhäuter verwandeln.*

HANS Alles in allem sind die Nashörner doch Geschöpfe wie wir, die auf das Leben gleichen Anspruch haben wie wir!
BEHRINGER Unter der Voraussetzung, dass sie unseres nicht zerstören. Sie sind sich doch über den Unterschied der Mentalität klar? Wir haben unsere Moral, die ich mit der tierischen für unvereinbar halte.
HANS Unsere Moral? Sprechen Sie mir nicht von unserer Moral. Ich habe genug von Moral. Etwas Schönes, unsere Moral! Man muss unsere Moral überwinden!
BEHRINGER Was würden Sie an ihre Stelle setzen?
HANS Die Natur! [...] Die Natur hat ihre Gesetze. Unsere Moral ist widernatürlich.
BEHRINGER Wenn ich Sie recht verstehe, wollen Sie für das moralische Gesetz das Gesetz des Dschungels einführen?
HANS Ich kann darin leben. Ich kann darin leben! [...]
BEHRINGER Ich meine das menschliche Wesen, das Humane ...
HANS Das Humane ist überholt! Sie sind ein alter lächerlicher Schwärmer.
BEHRINGER Trotz allem, schließlich, der Geist [...].
HANS Sperren Sie Ihre Ohren auf. Warum sollte ich nicht ein Nashorn sein? Ich liebe Veränderungen.

Eugène Ionesco: Die Nashörner, Fischer Taschenbuch Verlag, Frankfurt a. M., 24. Aufl. 1982, S. 115–117.

Wolfgang Mattheuer: Das tragische Ende eines Unerkannten (1984).
© VG Bild-Kunst, Bonn 2008. Foto: Galerie Schwind, Frankfurt a. M.

Pieter Brueghel der Ältere: Die großen Fische fressen die kleinen (1556). Grafische Sammlung Albertina, Wien.

Friedrich Nietzsche: Die Menschen sind nicht gleich!

■ *Der deutsche Philosoph Friedrich Nietzsche (1844–1900), der in einer frommen, pietistisch geprägten Umgebung aufwuchs und dann eine Zeit lang klassische Philologie in Basel lehrte, verkündete eine »Umwertung der Werte«. Der »Sklavenmoral« des Christentums stellte er dabei eine »Herrenmoral« gegenüber, in der der Mensch durch den »Übermenschen« abgelöst wird.*

Ungleiches niemals gleich machen

Die Lehre von der Gleichheit! ... Aber es gibt gar kein giftigeres Gift: denn sie *scheint* von der Gerechtigkeit selbst gepredigt, während sie das *Ende* der Gerechtigkeit ist ... »Den Gleichen Gleiches, den Ungleichen Ungleiches« – *das* wäre die wahre Rede der Gerechtigkeit; und, was daraus folgt, »Ungleiches niemals gleich machen.« – Dass es um jene Lehre von der Gleichheit herum so schauerlich und blutig zuging, hat dieser »modernen Idee« *par excellence* eine Art Glorie und Feuerschein gegeben, so dass die Revolution als *Schauspiel* auch die edelsten Geister verführt hat.

Friedrich Nietzsche: Götzen-Dämmerung, in: Werke, hrsg. von Karl Schlechta, Verlag Ullstein GmbH, Frankfurt a. M. u. a. 1984, Bd. III, S. 470.

Mit einem großen Ziele ist man sogar der Gerechtigkeit überlegen. *Friedrich Nietzsche*

Seht, ich lehre euch den Übermenschen!
Der Übermensch ist der Sinn der Erde. [...]
Mit diesen Predigern der Gleichheit will ich nicht vermischt und verwechselt sein. Denn so redet *mir* die Gerechtigkeit: »Die Menschen sind nicht gleich«. Und sie sollen es auch nicht werden! Was wäre denn meine Liebe zum Übermenschen, wenn ich anders spräche? [...]
Also sprach Zarathustra.

Friedrich Nietzsche: Also sprach Zarathustra, in: Werke, a. a. O., Bd. II, S. 554 + 632f.

- Tradition – Ehre – Disziplin – Leistung.
- Travestie – Ekel – Dekadenz – Lethargie.
- »Carpe diem« = Pflücke (nütze, genieße) den Tag

»Wertpyramiden« der Schule, einer Schülergruppe sowie des neuen Lehrers im Film »Der Club der toten Dichter«

Dietrich Bonhoeffer: Konkrete Ethik

■ *Der Theologe Dietrich Bonhoeffer (1906–1945) bezahlte sein mutiges Engagement gegen Hitler und die Nazi-Verbrechen mit dem Leben. In seiner unvollendet gebliebenen »Ethik« entwickelte er die Grundzüge einer »konkreten Ethik«. Diese stellt die jeweiligen konkreten Situationen mit in Rechnung und grenzt sich damit von Kants Prinzipienethik ab (siehe S. 31).*

Um einer gerechten Sache willen leiden ...
»Selig sind, die um Gerechtigkeit willen verfolgt werden, denn das Himmelreich ist ihr.« Es ist hier nicht die Rede von der Gerechtigkeit Gottes, sondern vom Leiden um einer gerechten Sache, um des gerechten Urteilens und Tuns der Jünger Jesu willen. In Urteil und Tat werden sich die, die Jesus nachfolgen, in Verzicht auf Besitz, auf Glück, auf Recht, auf Gerechtigkeit, auf Ehre, auf Gewalt, unterscheiden von der Welt; sie werden der Welt anstößig sein. Darum werden die Jünger um Gerechtigkeit willen verfolgt werden. Nicht Anerkennung, sondern Verwerfung ist der Lohn ihres Wortes und Werkes durch die Welt. Es ist wichtig, dass Jesus seine Jünger auch dort selig preist, wo sie nicht unmittelbar um des Bekenntnisses zu seinem Namen willen, sondern um einer gerechten Sache willen leiden. Es wird ihnen dieselbe Verheißung zuteil wie den Armen.

Man schießt nicht mit Kanonen auf Spatzen
Das »Ethische« als Thema hat seine bestimmte Zeit und seinen bestimmten Ort und das, weil der Mensch ein lebendiges und sterbliches Geschöpf in einer endlichen und zerbrechlichen Welt, nicht aber wesentlich und ausschließlich ein Student der Ethik ist. Es gehört zu den großen Naivitäten, oder richtiger Torheiten, der Ethiker, das geflissentlich zu übersehen [...].
Die Begrenzung des ethischen Phänomens auf seinen Ort und seine Zeit bedeutet nicht seine Aufhebung, sondern gerade umgekehrt seine Inkraftsetzung. Man schießt nicht mit Kanonen auf Spatzen. [...]
Es kann nicht im luftleeren Raum, das heißt in abstracto ethisch geredet werden, sondern nur in konkreter Bindung. Das ethische Reden ist also kein System an sich richtiger Sätze, über das jeder jederzeit und allerorts verfügen kann, sondern es ist entscheidend an Personen, Zeiten und Orte gebunden. In dieser Bestimmtheit erleidet das Ethische keinen Verlust an Bedeutung, sondern es liegt in ihr gerade seine Ermächtigung, sein Gewicht, während in der Unbestimmtheit und allgemeinen Verfügbarkeit des Ethischen seine Schwäche bis zur Ohnmacht liegt. [...]
Diese Sätze stehen in schroffem Gegensatz zu dem Verständnis des Ethischen als eines allgemein gültigen Vernunftprinzips, das die Aufhebung alles Konkreten, Zeit- und Ortbestimmten in sich schließt.

Text 1 aus: »Nachfolge«, in: DBW = Dietrich Bonhoeffer Werke, hrsg. von E. Bethge u.a,, Bd. 4, Gütersloh, 3. Aufl. 2002, S. 108. © Gütersloher Verlagshaus in der Verlagsgruppe Random House, München.

Text 2 aus: »Ethik«, in: DBW, Bd. 6, S. 367f. 374–376 (gekürzt).

Ulrich H. J. Körtner: Evangelische Ethik als Moralkritik

■ *Ulrich H. J. Körtner (geb. 1957), Professor für Systematische Theologie in Wien, begründet die (theologische) Ethik im Evangelium.*

Zweifellos haben Kirche und Theologie die Aufgabe, zur Lösung der drängenden Fragen unserer Zeit beizutragen. Aber sie werden nur dann einen substantiellen Beitrag leisten können, wenn sie den heute zur Selbstverständlichkeit gewordenen Ruf nach einem Mehr an Ethik der theologischen Kritik unterziehen. [...]
Als reine Gebotsethik wäre christliche Ethik nach evangelischem Verständnis unterbestimmt, gleich ob es sich um den situationsethischen Appell zur unableitbaren Gewissensentscheidung oder um die Ableitung moralischer Normen aus Gottes geoffenbartem Willen handelte. Christliches Ethos besteht im Kern darin, aus Liebe zu handeln, welche das Phänomen des Ethischen und seine Konflikte transzendiert. Der Begriff des Transmoralischen ist von [dem Theologen] Paul Tillich verwendet worden, um ein Gewissen zu bezeichnen, »das nicht aus Gehorsam gegenüber einem moralischen Gesetz urteilt, sondern auf Grund der Partizipation an einer Wirklichkeit, die den Bereich moralischer Gebote transzendiert. Ein transmoralisches Gewissen verleugnet nicht den moralischen Bereich, aber es wird durch die unerträglichen Spannungen in der Sphäre des Gesetzes darüber hinausgetrieben.« Was aber das Gewissen über das Gesetz hinaustreibt, ist nach biblischem Zeugnis die Liebe, die das Gesetz als Struktur verantwortlichen Lebens zwar nicht verachtet, jedoch über dem Gesetz steht und sich zu ihm in Freiheit verhält. [...]
Dass gerade die Liebe in diesem Sinne keine Norm, sondern eine transmoralische Orientierung unseres Handelns ist, verdeutlicht J. Fischer am Beispiel eines Mannes, der von mehreren Personen, die sich in einem brennenden Haus befinden, nur eine retten kann und sich für seine Frau entscheidet. Er handelt in diesem Augenblick spontan aus Liebe. Im Nachhinein wird er seine Liebe als Motiv bzw. als Rechtfertigungsgrund für seine Handlungsweise anführen können. Sein Handeln ist aber nicht das Resultat einer kasuistischen* Ableitung von einer allgemeinen moralischen Norm auf den konkreten Fall. Würde er sich zunächst die Frage stellen, warum er gerade seine Frau und nicht einen anderen der im brennenden Haus befindlichen Menschen retten soll, und würde er diese Frage aufgrund einer allgemeinen Regel beantworten: »Weil es moralisch geboten ist, in einer solchen Situation die Person vorzuziehen, der man in Liebe verbunden ist«, dann würde er seine Frau zwar aufgrund einer am »Wert« der Liebe orientierten moralischen Erwägung retten, jedoch nicht aus Liebe.

Ulrich H. J. Körtner: Was ist das Evangelische an der evangelischen Ethik? In: Ders. (Hrsg.): Christliche Ethik – evangelische Ethik? Das Ethische im Konflikt der Interpretationen, Neukirchener Verlag Neukirchen-Vluyn 2004, S. 91ff., Zit. S. 106–108.

* *Kasuistik: Rechtsfindung mit detailliert geregelten Tatbeständen für möglichst viele Einzelfälle.*

Max Weber: Gesinnungs- und Verantwortungsethik

■ *Der Nationalökonom und Soziologe Max Weber (1864–1920) (siehe auch Seite 21) beschäftigte sich auch intensiv mit Fragen der Religion, der Politik und der Ethik.*

Wir müssen uns klarmachen, dass alles ethisch orientierte Handeln unter zwei voneinander grundverschiedenen, unaustragbar gegensätzlichen Maximen stehen kann: es kann »gesinnungsethisch oder verantwortungsethisch« orientiert sein. Nicht dass Gesinnungsethik mit Verantwortungslosigkeit und Verantwortungsethik mit Gesinnungslosigkeit identisch wäre. Davon ist natürlich keine Rede. Aber es ist ein abgrundtiefer Gegensatz, ob man unter der gesinnungsethischen Maxime handelt – religiös geredet: »Der Christ tut recht und stellt den Erfolg Gott anheim« –, oder unter der verantwortungsethischen: dass man für die (voraussehbaren) Folgen seines Handelns aufzukommen hat. [...]
Ob man als Gesinnungsethiker oder als Verantwortungsethiker handeln soll, und wann das eine und das andere, darüber kann man niemandem Vorschriften machen. Nur eins kann man sagen: wenn jetzt in diesen Zeiten plötzlich die Gesinnungspolitiker massenhaft in das Kraut schießen mit der Parole: »Die Welt ist dumm und gemein, nicht ich; die Verantwortung für die Folgen trifft nicht mich, sondern die anderen, in deren Dienst ich arbeite, und deren Dummheit oder Gemeinheit ich ausrotten werde«, so sage ich offen: dass ich zunächst einmal nach dem Maße des inneren Schwergewichts frage, das hinter dieser Gesinnungsethik steht, und den Eindruck habe: dass ich es in neun von zehn Fällen, mit Windbeuteln zu tun habe, die nicht real fühlen, was sie auf sich nehmen, sondern sich an romantischen Sensationen [Empfindungen] berauschen. Das interessiert mich menschlich nicht sehr und erschüttert mich ganz und gar nicht. Während es unermesslich erschütternd ist, wenn ein reifer Mensch – einerlei ob alt oder jung an Jahren –, der diese Verantwortung für die Folgen real und mit voller Seele empfindet und verantwortungsethisch handelt, an irgendeinem Punkte sagt: »Ich kann nicht anders, hier stehe ich.« Das ist etwas, was menschlich echt ist und ergreift. Denn diese Lage muss freilich für jeden von uns, der nicht innerlich tot ist, irgendwann eintreten können. Insofern sind Gesinnungsethik und Verantwortungsethik nicht absolute Gegensätze, sondern Ergänzungen, die zusammen erst den echten Menschen ausmachen [...].
Aber auch damit ist das Problem noch nicht zu Ende. Keine Ethik der Welt kommt um die Tatsache herum, dass die Erreichung »guter« Zwecke in zahlreichen Fällen daran gebunden ist, dass man sittlich bedenkliche oder mindestens gefährliche Mittel und die Möglichkeit oder auch die Wahrscheinlichkeit übler Nebenerfolge mit in den Kauf nimmt, und keine Ethik der Welt kann ergeben: wann und in welchem Umfang der ethisch gute Zweck die ethisch gefährlichen Mittel und Nebenerfolge »heiligt«.

Max Weber: Politik als Beruf. In: Gesammelte politische Schriften, Mohr Tübingen 1958, S. 551ff. / Reclam Verlag Stuttgart 1992, S. 70f.

Guy Billout: Der Garten des Einsamen (1984).

Jürgen Habermas: Was heißt Diskursethik?

■ *Der Philosoph und Soziologe Jürgen Habermas (geb. 1929) war lange Zeit Professor in Frankfurt a. M. Er geht davon aus, dass für die Kommunikation oder den Diskurs in einer demokratischen Gesellschaft eine prinzipielle, wenn auch nur als ideal gedachte Gleichrangigkeit (Egalität) aller Beteiligten die grundlegende Voraussetzung ist.*

In der Diskursethik tritt an die Stelle des Kategorischen Imperativs das Verfahren der moralischen Argumentation. Sie stellt den Grundsatz ›D‹ auf:
– dass nur diejenigen Normen Geltung beanspruchen dürfen, die die Zustimmung aller Betroffenen als Teilnehmer eines praktischen Diskurses finden könnten.
Zugleich wird der Kategorische Imperativ zu einem Universalisierungsgrundsatz ›U‹ herabgestuft, der in praktischen Diskursen die Rolle einer Argumentationsregel übernimmt:
– bei gültigen Normen müssen Ergebnisse und Nebenfolgen, die sich voraussichtlich aus einer allgemeinen Befolgung für die Befriedigung der Interessen eines jeden ergeben, von allen zwanglos akzeptiert werden können.
Universalistisch nennen wir schließlich eine Ethik, die behauptet, dass dieses (oder ein ähnliches) Moralprinzip nicht nur die Intuitionen einer bestimmten Kultur oder einer bestimmten Epoche ausdrückt, sondern allgemein gilt.
In Argumentationen müssen die Teilnehmer davon ausgehen, dass im Prinzip alle Betroffenen als Freie und Gleiche an einer kooperativen Wahrheitssuche teilnehmen, bei der einzig der Zwang des besseren Arguments zum Zuge kommen darf.

Jürgen Habermas: Erläuterungen zur Diskursethik, Suhrkamp Verlag Frankfurt a.M. 1991, S. 12–14 (gekürzt).

12. Ethisch handeln lernen

Alan Axelrod: Kaufen Sie sich die Schlossallee! – Mehr Erfolg mit der Monopoly-Strategie

■ *Der US-Amerikaner Alan Axelrod, geb. 1952, verfasste zahlreiche Bücher zu Fragen der Wirtschaft und des Managements.*

Seit nahezu 70 Jahren spielt die Welt nun schon Monopoly. Kein Wunder, dass uns das Spiel bereits zur Selbstverständlichkeit geworden ist. Aber denken Sie mal ein bisschen über die anhaltende Popularität des Spiels nach, und Sie werden nach und nach verstehen, was für eine bemerkenswerte Leistung Monopoly ist. Tag für Tag denken sich heutige Wirtschaftswissenschaftler Planspiele zur wirklichen Welt aus, die zweifellos sehr viel ausgeklügelter und genauer sind als die Welt des Monopoly. Doch nur wenige von uns hätten viel Freude am »spielerischen« Umgang mit diesen Modellen. Monopoly bietet uns ein verblüffend realistisches Modell der wirklichen Welt, doch die authentischen Details dieses Modells überlagern nie den Spaß am Spiel. Monopoly ist gerade kompliziert genug, um gleichzeitig den Realitätssinn und den Spaß am Spiel anzusprechen. Es verbindet Phantasie mit Wirklichkeitssinn. Es lädt uns zum Spiel mit der Realität ein. Es ist, kurz gesagt, eines der wenigen wirklich großartigen Spiele, die sich der Mensch ausgedacht hat. […]
Der Reiz einiger Spiele liegt darin, dass sie die gleiche Wirkung auf uns ausüben wie die Phantasie: Sie versetzen uns in eine andere Welt. Die Attraktivität von Monopoly liegt jedoch nicht im Aufbau einer eigenen Welt. Es ist vielmehr eine Miniaturausgabe der Geschäftswelt, die uns allen in unterschiedlichem Ausmaß vertraut ist. […]
Amerika steckte 1935, ebenso wie der Rest der Welt, in einer tiefen Wirtschaftskrise. Die Unternehmen gingen Pleite. Die Menschen waren ohne Arbeit. Die Farmerfamilien verloren ihre Höfe und ihr Zuhause.
Und dann war da plötzlich dieses Spiel, das ein Modell des Kapitalismus lieferte und eine Welt schuf, in der die Menschen Gehälter bezogen und Immobilien ge- und verkauft wurden. Es wurden Steuern erhoben, Vermieter bezahlt, man verdiente Geld und verlor es auch wieder. Einige Spieler wurden reicher, andere wurden ärmer, und schließlich gingen alle bis auf einen bankrott: den Sieger. Und dieses Spiel des frei fließenden Kapitals und des finanziellen Risikos wurde mitten in einer tiefen Wirtschaftskrise zu einem Bestseller mit bisher noch nie da gewesenen Umsätzen.

Alan Axelrod: Kaufen Sie sich die Schlossallee! Mehr Erfolg mit der Monopoly-Strategie, übers. von W. Roller, Piper Verlag München/Zürich 2003, S. 20.22.17.

Wirtschaft ist ein Spiel, das großartigste Spiel der Welt, wenn Sie es zu spielen verstehen.

Thomas J. Watson sr., Gründer von IBM

Walter de Maria: The 2000 Sculpture (Ausschnitt), 1992. Kunsthaus Zürich. The 2000 Sculpture Foundation.

Hannah Höch: Roma (1925). © VG Bild-Kunst, Bonn 2008. Foto: Archiv der Berlinischen Galerie.

Heinz Eduard Tödt:
Ich entscheide mich, das und das zu tun

■ *Der evangelische Sozialethiker Heinz Eduard Tödt (1918–1991), Professor in Heidelberg, hat vorgeschlagen, auf »sechs Schritte beziehungsweise Momente ethischer Urteilsfindung zu achten«:*

Problemstellung. Klärung der Frage, was denn wohl in dem betreffenden Fall, der ein Urteil erfordert, das eigentliche Problem ist.
Situationsanalyse. Untersuchung des »realen Kontextes«, in dem sich das Problem stellt, zum Beispiel des gesellschaftlichen oder politischen Rahmens, des persönlichen oder gruppenartigen Lebens- und Handlungszusammenhanges, um herauszufinden, wie das Erfassen und Lösen des betreffenden Problems durch diesen Kontext bedingt ist. Das Ergebnis der Analyse ist ein Situationsschema.
Verhaltensalternativen. Für die in Betracht gezogenen Handlungsalternativen und ihre voraussehbaren Folgen stellt sich die Frage, ob »gut« sei, sich so oder so zu verhalten (Kontrollfunktion des Gewissens). Dabei kommen Normen ins Spiel.
Normenprüfung. Sichtung und Wahl ethisch relevanter Entscheidungskriterien. Eine Norm ist das, wodurch man im Urteil ein(e) Situation(sschema) mit einer Handlung (Verhaltensweise) verknüpft.
Der Urteilsentscheid. Aus dem Erkennen des situativen Sachverhalts, der möglichen Verhaltensalternativen, der einschlägigen Normen ergibt sich – im Blick auf das anstehende Problem – als ein synthetischer Akt das Urteil(sergebnis). Dieses impliziert eine Handlung des Sich-selbst-Bestimmens. »Ich entscheide mich, das und das zu tun.«
Die rückblickende Adäquanzkontrolle. Urteilsentscheide werden oft nur vorläufig und tentativ [versuchsweise] getroffen. Gerade ethische Entscheidungen werden meist noch einmal oder viele Male rückblickend überdacht.

Nach H. E. Tödt: Der Spielraum des Menschen. Theologische Orientierung in den Umstellungskrisen der modernen Welt (GTB 337), Gütersloh 1979, S. 47–49 (gekürzt). © Gütersloher Verlagshaus in der Verlagsgruppe Random House, München.

Wer a sagt, der muss nicht b sagen.

Bertolt Brecht: Der Jasager und der Neinsager

E Menschenrechte

»Wenn die Gerechtigkeit untergeht, so hat es keinen Wert mehr, dass Menschen leben auf Erden«, sagte der Philosoph Immanuel Kant, einer der Vorkämpfer für den Gedanken, dass alle Menschen von Geburt an das gleiche Recht auf Leben, Respekt und Achtung haben. Bei dem Projekt der Menschenrechte, wie sie dann in der UN-Konvention formuliert wurden, glauben wir uns in Deutschland zuerst einmal auf der sicheren Seite. Da ist es umso bedrückender, wenn der UN-Sonderbeauftragte Vernor Muñoz anlässlich seines Berichts über die Bildungssituation in Deutschland sagte: »Es gibt kein Land ohne Menschenrechtsverletzungen. Der Unterschied liegt nur in der Intensität und der Frage, wie und wo sie vorkommen.« Das Problem ist offenkundig: Die Menschenrechte sind zwar anerkannt, doch andererseits umstritten (Kapitel 13). Ähnlich gespalten sind die Urteile bei den Fragen, ob die christliche Tradition die Menschenrechte befördert oder behindert hat (Kapitel 14) und wie sie heute am besten verteidigt werden können: durch Regierungen oder Basisinitiativen, mit friedlichen Mitteln oder durch den Einsatz von Gewalt (Kapitel 15).

13. Umstrittene Menschenrechte

Jean Ziegler: Die Weltgeschichte meiner Seele

■ *Der Schweizer Politiker und Soziologieprofessor Jean Ziegler (geb. 1934) war acht Jahre lang UN-Sonderberichterstatter für das Menschenrecht auf Nahrung.*

Der Tag versprach prachtvoll zu werden. Es war ein 3. August, morgens 6.15 Uhr. Die Boeing 747 der [ehem. belgischen Fluggesellschaft] Sabena landete pünktlich auf dem Flughafen Brüssel-Zaventem. Eine rote Sonne stieg am Himmel empor. Während die Passagiere, noch den Schlaf in den Augen, die Gangway zu den zwei Bussen hinabstiegen, inspizierte ein Kontrolleur in weißem Overall die Maschine.

Aus dem linken Fahrgestellkasten ragten drei Finger einer Hand hervor, verkrallt in den Rand der Abschottung. Der Kontrolleur trat näher und entdeckte in dem Fahrgestellkasten die Leichen von zwei Jugendlichen, schwarz, feingliedrig, ausgedörrt, die Gesichtszüge von Entsetzen verzerrt. Es handelte sich um zwei Guineaner, Fodé Touré Keita und Alacine Keita, im Alter von 15 beziehungsweise 14 Jahren. Bekleidet waren sie mit einfachen Shorts, Hemd und Sandalen.

Hinter dem Fahrwerkkasten einer Boeing 747 verbergen sich 16 mächtige Laufräder. Das Abteil ist weiträumig und zwei Meter hoch. Die Luke ist nur vom Cockpit her zu öffnen, aber solange das Flugzeug auf dem Rollfeld steht, kann jeder, dem es gelingt, sich mit dem Wartungspersonal einzuschleichen, durch die Luke ins Innere des Fahrwerks klettern.

Bei Erreichen der Reisegeschwindigkeit fliegt eine Boeing 747 in rund 11 000 Meter Höhe; die Außentemperatur beträgt hier oben mindestens minus 50° Celsius.

Die zwei Jugendlichen waren wahrscheinlich bei der Zwischenlandung in Conakry in den Fahrwerkkasten geklettert.

In der Handtasche von Fodé fand der Kontrolleur ein sorgfältig gefaltetes Stück Papier, auf dem in ungelenker Schrift stand: »Und wenn ihr seht, dass wir uns geopfert haben und unser Leben aufs Spiel setzen, dann darum, weil wir in Afrika zu sehr leiden und weil wir euch brauchen, um gegen die Armut zu kämpfen und dem Krieg in Afrika ein Ende zu machen. Trotzdem wollen wir studieren, und wir bitten euch, uns dabei zu helfen, damit wir in Afrika sein können, wie ihr seid ...«

Jean Ziegler: Die neuen Herrscher der Welt und ihre globalen Widersacher, Bertelsmann Verlag, München 2003, S. 11–13.

»24« – Ein Kultfilm

»24« – die Zahl ist zu einem Mythos in der Fernseh-Landschaft geworden. Sie steht für die 24 Stunden eines Tages, in denen der Agent Jack Bauer die USA retten muss. Sie steht nach einhelliger Kritikermeinung für eine der spannendsten und besten Ferseh-Serien der letzten Jahre.

In der fünften Staffel von »24« wird ein guter Freund Jack Bauers, Ex-Präsident David Palmer ermordet. Bauer, der im Untergrund lebt, muss sein Versteck aufgeben, um den Mord aufzuklären.

Gemeinsam mit seiner Kollegin Chloë trifft er auf den Mann, der Palmer ermordet hat. Dieser wird in einem Schusswechsel schwer verletzt. Bauer verlangt, mit dem am Boden liegenden Mann alleine gelassen zu werden. Bauer kündigt dem Mann an, er werde ihn nur dann ins Krankenhaus bringen, wenn dieser ihm sage, was Bauer wissen will. Als der Killer die gewünschten Informationen preisgegeben hat, bittet er, man möge ihn ins Krankenhaus bringen. Bauer sagt noch einmal wie zu sich selbst: »Sie sind der Mörder von David Palmer.« Dann richtet er den am Boden Liegenden mit mehreren Schüssen hin.

Aus: Menschenrechte im Film. »24« – hoch gelobt und höchst umstritten. In: Stiftung Lesen / Amnesty International (Hrsg.), Wissen gegen Willkür. 60 Jahre Allgemeine Erklärung der Menschenrechte, Stiftung Lesen / Amnesty International, Mainz / Bonn 2008, S. 34f.

Vereinte Nationen (UN):
Die Allgemeine Erklärung der Menschenrechte

■ *Im Dezember 1948 verabschiedete die Vollversammlung der Vereinten Nationen in einer Sitzung in Paris die Allgemeine Erklärung der Menschenrechte. Der Tag der Verkündung, der 10. Dezember, wird seither als internationaler Tag der Menschenrechte begangen. Die Einleitung versteht die …*

[…] Allgemeine Erklärung der Menschenrechte als das von allen Völkern und Nationen zu erreichende gemeinsame Ideal, damit jeder einzelne und alle Organe der Gesellschaft sich diese Erklärung stets gegenwärtig halten und sich bemühen, durch Unterricht und Erziehung die Achtung vor diesen Rechten und Freiheiten zu fördern und durch fortschreitende nationale und internationale Maßnahmen ihre allgemeine und tatsächliche Anerkennung und Verwirklichung bei der Bevölkerung sowohl der Mitgliedstaaten wie der ihrer Oberhoheit unterstehenden Gebiete zu gewährleisten.

Artikel 1
Alle Menschen sind frei und gleich an Würde und Rechten geboren. Sie sind mit Vernunft und Gewissen begabt und sollen einander im Geist der Brüderlichkeit begegnen.

Artikel 2
Jeder Mensch hat Anspruch auf die in dieser Erklärung verkündeten Rechte und Freiheiten ohne irgendeinen Unterschied, etwa nach Rasse, Hautfarbe, Geschlecht, Sprache, Religion, politischer oder sonstiger Überzeugung, nationaler oder sozialer Herkunft, Vermögen, Geburt oder sonstigem Stand.

Artikel 3
Jeder Mensch hat das Recht auf Leben, Freiheit und Sicherheit der Person.

Artikel 7
Alle Menschen sind vor dem Gesetz gleich und haben ohne Unterschied Anspruch auf gleichen Schutz durch das Gesetz. Alle haben Anspruch auf gleichen Schutz gegen jede Diskriminierung, die gegen diese Erklärung verstößt, und gegen jede Aufhetzung zu einer derartigen Diskriminierung.

Artikel 14
Jeder Mensch hat das Recht, in anderen Ländern vor Verfolgung Asyl zu suchen und zu genießen.

Artikel 18
Jeder Mensch hat das Recht auf Gedanken-, Gewissens- und Religionsfreiheit; dieses Recht schließt die Freiheit ein, seine Religion oder Überzeugung zu wechseln, sowie die Freiheit, seine Religion oder Weltanschauung allein oder in Gemeinschaft mit anderen, öffentlich oder privat, durch Lehre, Ausübung, Gottesdienst und Kulthandlungen zu bekennen.

Artikel 22
Jeder Mensch hat als Mitglied der Gesellschaft das Recht auf soziale Sicherheit und Anspruch darauf, durch innerstaatliche Maßnahmen und internationale Zusammenarbeit sowie unter Berücksichtigung der Organisation und der Mittel jedes Staates in den Genuss der wirtschaftlichen, sozialen und kulturellen Rechte zu gelangen, die für seine Würde und die freie Entwicklung seiner Persönlichkeit unentbehrlich sind.

Allgemeine Erklärung der Menschenrechte, Insel Verlag, Frankfurt a. M., 5. Aufl. 2003.

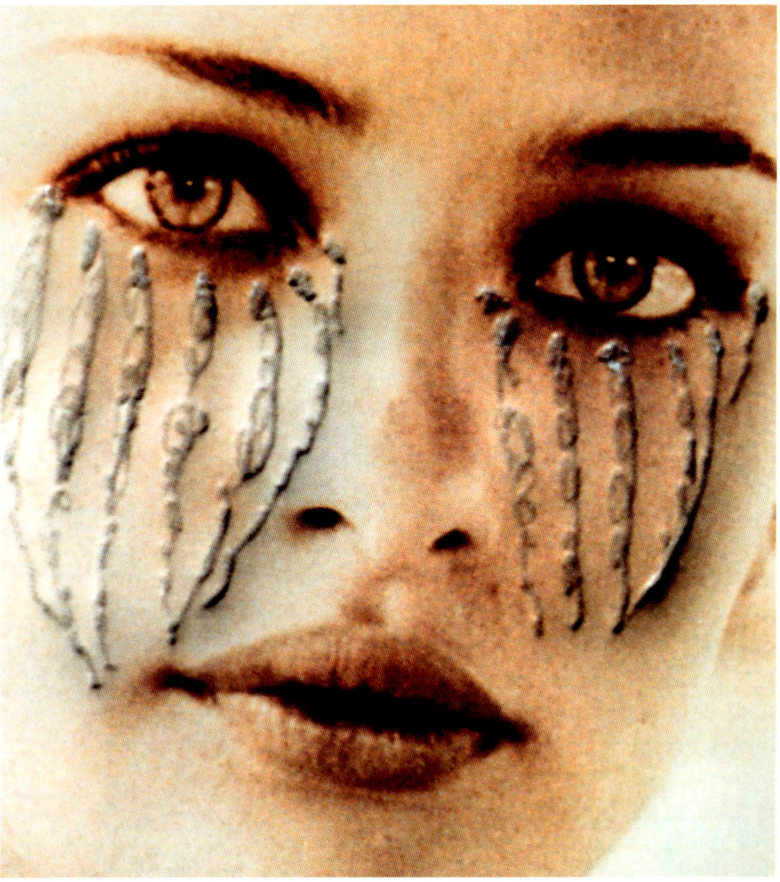

Daniele Buetti. © VG Bild-Kunst, Bonn 2008. Foto: ProLitteris.

Die Frau ist gleich geboren und bleibt dem Manne gleich in allen Rechten.

Artikel I der »Erklärung der Rechte der Frau und Bürgerin« (1791) von Olympe Marie de Gouges

Die Würde des Menschen ist unantastbar. Sie zu achten und zu schützen ist Verpflichtung aller staatlichen Gewalt.

Art 1 GG, von 1949

Otfried Höffe: Der Mittelpunkt des Projekts der Moderne

■ *Otfried Höffe (geb. 1943), Professor für Philosophie in Tübingen, stellt als »Mittelpunkt des politischen Projekts der Moderne« die Menschenrechte heraus.*

Der Annahme von Menschenrechten stehen allerdings eine Reihe von grundsätzlichen Einwänden entgegen. Die Zweifel beginnen mit einer Variante des rechtsethischen *Relativismus*, machen nämlich darauf aufmerksam, dass Menschenrechte zeitlich gesehen immer und räumlich betrachtet überall gültig sein müssten. In Wahrheit sei aber der Gedanke universaler Ansprüche im Wesentlichen auf unseren Kulturraum beschränkt und auch hier ein geschichtlich spätes Phänomen.
Diesem Einwand der gesellschaftlichen und geschichtlichen Bedingtheit der Menschenrechtsidee kann man relativ leicht begegnen, indem man zwischen dem Entdeckungs- und dem Rechtfertigungszusammenhang unterscheidet und sieht, dass die relativ späte philosophisch-politische Entdeckung eine allgemeine Gültigkeit des Entdeckten nicht ausschließt. Im Übrigen gibt es Rechtsprinzipien, die wie das Tötungsverbot eine menschenrechtliche Bedeutung haben und längst vor den ersten Menschenrechtserklärungen in so gut wie allen Rechtsgemeinschaften anerkannt worden sind. [...]
Ein rechtsethisch gewichtiger Einwand kommt von Seiten des *Utilitarismus*. Denn nach ihm zählt in der Legitimationsdebatte letztlich nicht der distributive, sondern der kollektive Nutzen. Ein Menschenrecht ist aber von seinem Begriff her ein distributiver, nämlich jedem einzelnen Menschen zukommender Vorteil, und solche Vorteile dürfen nach dem Utilitarismus zugunsten eines etwaigen größeren gesamtgesellschaftlichen Nutzens geopfert werden. Gegen den Utilitarismus spricht jedoch unsere Explikation und Legitimation des Gerechtigkeitsstandpunktes: Rundum legitim sind zwangsförmige Sozialverhältnisse nur dann, wenn sie für jeden einzelnen und nicht bloß für die Gesamtheit der Betroffenen von Vorteil sind.
So verbleibt im Wesentlichen nur ein *dritter Einwand*, nämlich dass sich derartige universale, jedem zugute kommende Vorteile gar nicht ausweisen lassen. Eine Variante des Einwandes findet sich im ›bescheidenen Selbstverständnis‹ der Diskursethik, wonach eine Moraltheorie »nur den moral point of view zu erklären und zu begründen habe«, aber »auf eigene substantielle Beiträge verzichten« müsse (Habermas). Habermas hat Recht, wenn er behauptet, dass der »Moralphilosoph ... nicht über einen privilegierten Zugang zu moralischen Wahrheiten« verfügt. Das heißt aber nicht, es könne keine universalen, die Handlungsfreiheit erst ermöglichenden Bedingungen geben, die – für jeden vorteilhaft – eine universale Zustimmung verdienen und die in der diskursiven Willensbildung zwar immer wieder neu als »vernünftig« eingesehen werden können, aber systematisch gesehen von ihr immer schon vorausgesetzt sind.

Otfried Höffe: Politische Gerechtigkeit. Grundlegung einer kritischen Philosophie von Recht und Staat, Suhrkamp Verlag, Frankfurt a. M., erweiterte Neuausgabe 2002, S. 396–399.

Vernor Muñoz: Menschenrechte werden überall verletzt

■ *Vernor Muñoz (Villalobos), 1961 in Costa Rica geboren, Pädagoge, Philosoph und Professor für Rechtswissenschaften, hat als UN-Sonderberichterstatter für das Recht auf Bildung das Bildungssystem in Deutschland untersucht. Sein 2007 vorgelegter Bericht schockierte hierzulande die Öffentlichkeit. In einem Interview äußerte sich Muñoz bei einem erneuten Deutschlandbesuch im Jahr 2008 zu seinen Erkenntnissen:*

Sie haben die Diskriminierung in Deutschland angeprangert. Was empfehlen Sie?
Ich habe Deutschland nie unterstellt, absichtlich zu diskriminieren. Aber es gibt Herausforderungen. Die frühe Selektion und die Segregation sind solche. Aber: Bund und Länder sind sich der Situation bewusst und sitzen nicht nur mit gekreuzten Armen da.
Ein Plädoyer für längeres gemeinsames Lernen?
Das ist ein heikles und kontroverses Thema. Ich habe vorgeschlagen, die Politik des frühen Selektierens zu überdenken. Sie bedeutet, die Entwicklung von Kindern sehr früh festzulegen. Problematisch ist das auch, weil Lehrer häufig nicht über die Qualifikation verfügen, zu entscheiden, an welche Schule ein Kind wechseln soll.
Mit der Abkehr vom gegliederten Schulsystem tut sich Deutschland aber schwer ...
Es muss zur Kenntnis genommen werden, dass in Deutschland der Zusammenhang zwischen sozialer Herkunft und Bildungserfolg so groß wie in keinem anderen europäischen Land ist. In Gymnasien sind Kinder mit Migrationshintergrund völlig unter-, in der Hauptschule überrepräsentiert. Interessant wäre eine Untersuchung der Folgen der Schulstruktur. Vergessen dürfen wir auch nicht die Kinder mit Behinderung. Auch sie sind in den Regelschulen viel zu wenig integriert.
Wie könnten die Menschenrechte im bestehenden System stärker geachtet werden?
Man könnte für Kinder mit Behinderung architektonische Barrieren abbauen. Das erfordert eine Veränderung des Bewusstseins.
Sie fordern eine andere Einstellung zum Kind?
Die Einstellung zum Kind ist nicht nur ein Problem der Dritten Welt. Die Schaffung einer Gesellschaft, in der das Bemühen, sich um die Bedürfnisse der Kinder zu kümmern, als Wert zählt, ist nirgendwo eine abgeschlossene Aufgabe.
Wenn man die Situation in Deutschland mit der etwa in China, Uganda oder der Türkei vergleicht, sind Menschenrechtsverletzungen hierzulande dann wirklich ein Thema?
Es gibt kein Land ohne Menschenrechtsverletzungen. Der Unterschied liegt nur in der Intensität und der Frage, wie und wo sie vorkommen.

Vernor Muñoz im Interview mit der Frankfurter Rundschau, 21.02.2008, S. 15.

Bernhard Heisig: Beharrlichkeit des Vergessens, 1977. © VG Bild-Kunst, Bonn 2008.

14. Menschenrechte und Menschenwürde

Annemarie Pieper: Menschenwürde

■ *Annemarie Pieper, geb. 1941, Professorin für Philosophie in Basel, moderiert im Schweizer Fernsehen die Sendung »Sternstunde Philosophie«:*

Was den Menschen vor allen anderen Lebewesen als Menschen auszeichnet, ist die so genannte Würde der Person. Im Begriff der Menschenwürde sind die Menschenrechte verankert. Das Wort *Würde* ist etymologisch [von seinem Ursprung her] mit dem Wort *Wert* verwandt. *Der Mensch hat einen Eigenwert, der seine Würde ausmacht.*

Dieser Wert ist: angeboren – unteilbar – unveräußerlich – unverrechenbar – unverlierbar – unableitbar – unantastbar.

Das »un-« in den Prädikaten, die den Begriff der Menschenwürde charakterisieren, hat ersichtlich keine deskriptive, sondern normative Bedeutung; sie implizieren ein Sollen. Es ist moralisch nicht erlaubt, d.h. es ist strikt verboten, den Wert der Menschenwürde zu teilen, zu veräußern, zu verrechnen, anzutasten usf.

De facto wird die Menschenwürde überall dort verletzt, wo sie als ein teilbarer Wert behauptet wird, der es erlaubt, Menschen zu diskriminieren, als Menschen zweiter Klasse oder als Untermenschen anzusehen und entsprechend zu behandeln. In dem Maß, in welchem man ihnen das Menschsein abspricht, verringert sich in den Augen derer, die dies tun, ihr Wert und damit ihre Menschenwürde. Der auf diese Weise berechenbar gemachte Wert wird veräußert, so wie in archaischen Zeiten ein Sklave einen Preis hatte, zu dem er erworben werden konnte. Auch die modernen Sklaven haben ihren Preis, und der Verlust an Menschenwürde geht bei ihnen Hand in Hand mit ihrer Nützlichkeit auf dem Arbeitsmarkt. Der Konzernchef ist wertvoller als der Angestellte, der bei Fusionen umstandslos wegrationalisiert wird. Man kann seine Menschenwürde verlieren, weil sie angetastet wird von den Mächtigen, die einen höheren Wert kennen, dem sie die Menschenwürde unterordnen: den Wert der Macht, den Wert des Geldes.

Menschenwürde als jener Grundwert, der jedem menschlichen Individuum unangesehen der Eigenschaften, die seine Besonderheit und Eigenartigkeit charakterisieren, unverbrüchlich zukommt, begründet die Prinzipien Freiheit, Gleichheit und Gerechtigkeit.

Annemarie Pieper: Menschenwürde. Ein abendländisches oder ein universelles Problem? Zum Verhältnis von Genesis und Geltung im normativen Diskurs, in: Eilert Herms (Hrsg.): Menschenbild und Menschenwürde, Gütersloh 2001, S. 19–22 (gekürzt). © Gütersloher Verlagshaus in der Verlagsgruppe Random House, München.

Ein jeder Mensch hat rechtmäßigen Anspruch auf Achtung von seinem Nebenmenschen, und wechselseitig ist er dazu auch gegen jeden anderen verbunden.

Immanuel Kant: Metaphysik der Sitten

Wolfgang Huber:
Theologische Interpretation der Menschenrechte

■ *Zu Bischof Wolfgang Huber (geb. 1942), dem Vorsitzenden des Rats der Evangelischen Kirche in Deutschland (EKD) siehe auch S. 17 (sowie 50). Huber weist auf die enge Verbindung zwischen neuzeitlichen Menschenrechten und christlichem Glauben hin.*

Ein Überblick über die theologische Diskussion lässt sechs Grundtypen der Argumentation erkennen:
Verzicht auf theologische Begründung. Es ist vorgeschlagen worden, auf jede Begründung der Menschenrechte im Horizont des christlichen Glaubens zu verzichten, weil nur so die Allgemeinheit der Menschenrechte und ihr säkularer [weltlicher] Charakter respektiert werden könne. [...]
Doppelte Begründung. Katholische Äußerungen sind häufig von einer doppelten Begründung bestimmt. Die naturrechtliche Argumentation [will] die Würde des Menschen aus seiner Natur ableiten. Die heilsgeschichtlich-christologische Begründung hat ihren Kern in der Aussage, dass die in der Schöpfung gegebene Gottebenbildlichkeit des Menschen durch die Sünde nicht aufgehoben ist und dass Gott sich in Jesus Christus ›mit jedem Menschen vereinigt‹ habe. [...]
Die Heiligkeit des Lebens. Soweit die orthodoxe Tradition bisher auf das Thema der Menschenrechte ausdrücklich bezogen wurde, geschah das häufig unter dem Leitbegriff der ›Heiligkeit des Lebens‹. Die Anrufung des Schöpfers, dem Dank für die heilige Gabe des Lebens gebührt, entlässt die Verantwortung für die Bewahrung des Lebens aus sich. [...]
Gottes Recht und Menschenrechte. In reformierter Tradition wird die These vertreten, dass gerade um der Allgemeinheit der Menschenrechte willen deren Begründung im ›Recht Gottes auf den Menschen‹ notwendig sei. Weil die Bundestreue Gottes allen Menschen gelte, sei auch allen eine unveräußerliche Menschenwürde zuerkannt, die sich in den Menschenrechten konkretisiere. [...]
Funktionale Theorie der Menschenrechte. Eine funktionale theologische Theorie der Menschenrechte zielt darauf, die funktionalen Entsprechungen zwischen dem Appell an die Unverfügbarkeit der menschlichen Würde, der in den Menschenrechten zum Ausdruck kommt, und dem Gedanken der Rechtfertigung vor Gott allein durch Gnade herauszuarbeiten. [...]
Entsprechung und Differenz. Eine weitere Interpretation sucht die Defizite der bisher besprochenen Modelle dadurch zu überwinden, dass sie nach Analogien zwischen der neuzeitlichen Gestalt der Menschenrechte und Grundinhalten des christlichen Glaubens fragt. Gegenüber Versuchen einer theologischen Ableitung der Menschenrechte nimmt sie deren säkularen Charakter ernst. Gegenüber der Behauptung einer Selbstevidenz [Offenkundigkeit] der Menschenrechte aus Gründen der allgemeinen Vernunft berücksichtigt sie den strittigen Charakter der Vernunft, die deshalb allein zur Begründung universal geltender Menschenrechte nicht zureicht.

Wolfgang Huber: Gerechtigkeit und Recht. Grundlinien christlicher Rechtsethik, Gütersloh, 3. Aufl. 2006, S. 245–248. © Gütersloher Verlagshaus in der Verlagsgruppe Random House, München.

Wilfried Härle:
Menschenwürde – konkret und grundsätzlich

■ *Wilfried Härle, geb. 1941, war Professor für Systematische Theologie in Marburg und Heidelberg.*

Vertritt man – im Blick auf Menschenwürde (und Menschenrechte) – die Auffassung, sie basiere auf gar nichts anderem als auf einer *willkürlichen* Festsetzung seitens der dafür zuständigen Organe, so gibt es keinen Grund, im Blick auf andere Staaten oder Gesellschaften die Missachtung von Menschenwürde oder die Verletzung von Menschenrechten zu bemängeln, zu beklagen oder zu kritisieren.
Diese Konsequenzen wirken auf mich so absurd, dass ich sie – wenn mir kein Denkfehler unterlaufen ist – für eine hinreichende Widerlegung dieser Position halte.
Die von mir hier vertretene alternative Auffassung von Menschenwürde und ihrer Erkennbarkeit unterscheidet zwischen der *Formulierung* der Menschenwürde in Form eines *Rechtssatzes* – wie ihn z. B. Art. 1.1 unseres Grundgesetzes darstellt – und dem *religiös-weltanschaulichen Rahmen oder Horizont*, in dem Menschenwürde als Wirklichkeit entdeckt und daraufhin auch als Rechtssatz formuliert werden kann. [...] Es bleibt jedoch eine offene Frage: Was bedeutet es, wenn einzelne Menschen, ganze Gruppen, Völker oder Kulturen ehrlicher Weise von sich sagen, dass sie nicht in der Lage sind, diese Achtung gebietende Würde des Menschen wahrzunehmen bzw. zu entdecken und sie diese folglich auch nicht anerkennen können?
Hier zeigt sich erneut, dass wir in der Menschenwürde einer Wirklichkeit begegnen, über deren Erschließung für uns oder andere wir nicht verfügen, sondern die wir nur anerkennen können, wenn und sofern sie sich uns erschließt.
Solange Menschenwürde lediglich verstanden wird als eine kulturelle Konvention, die sich menschlicher Zuschreibung verdankt, bleibt Menschenwürde nicht nur antastbar, verletzlich und entziehbar, sondern sie ist dann gar nicht in ihrem eigentlichen Wesen und Status erkannt, geschweige denn ernst genommen. Umgekehrt erweist sich die Entdeckung der Menschenwürde und das ethische und rechtliche Eintreten für sie als eine Kostbarkeit, die ihren Ort im Zentrum des christlichen Glaubens hat und darum aus dem Verkündigungsauftrag der Kirche, der sich auf das Unverfügbare bezieht, von dem her und auf das hin Menschen leben, gar nicht weggedacht werden kann.

Wilfried Härle: Menschenwürde – konkret und grundsätzlich, in: Wilfried Härle / Reiner Preul (Hrsg.): Menschenwürde, Marburger Jahrbuch Theologie, Bd. XVII, N.G. Elwert Verlag, Marburg 2005, S. 163f. (gekürzt).

Recht kann zwischen Menschen nur gesetzt und unter ihnen bewahrt werden, wenn wir uns bewusst bleiben, dass wir Leben und Würde nicht aus eigener Macht besitzen.

Evangelischer Erwachsenenkatechismus

Gil Shachar: Ohne Titel, 2001. © VG Bild-Kunst, Bonn 2008.

Karl Barth: Das Menschliche im Menschen

■ *Karl Barth (1886–1968), einer der einflussreichsten evangelischen Theologen des 20. Jahrhunderts, interpretiert die biblische Aussage, der Mensch sei zum »Ebenbild Gottes« erschaffen (Gen 1,27), so:*

[Die] »Gottebenbildlichkeit« des Menschen ist keine Qualität des Menschen. Sie besteht nicht in irgendetwas, was der Mensch ist oder tut. Sie besteht, indem der Mensch selber und als solcher als Gottes Geschöpf besteht. Denn das war Gottes Sinn und Absicht bei seiner Erschaffung: er wollte die Existenz eines solchen Wesens, das ihm in seiner ganzen Nicht-Göttlichkeit und also Andersartigkeit ein wirklicher Partner sein möchte.

So ist die Analogie zwischen Gott und Mensch sehr schlicht *die Existenz im Gegenüber von Ich und Du.* Sie ist zuerst für Gott konstitutiv [grundlegend, bestimmend]; sie ist es dann auch für den von Gott geschaffenen Menschen. Man denke sie weg, so hat man sowohl das Göttliche aus Gott als auch das Menschliche aus dem Menschen weggedacht. Man kann sie hier wie dort nicht wegdenken.

Karl Barth: Kirchliche Dogmatik III/1, Theologischer Verlag Zürich, 4. Aufl. 1970, S. 206f. (gekürzt).

Karl Rahner: Über die Würde des Menschen

■ *Der bekannte katholische Theologieprofessor Karl Rahner (1904–1984) nahm im folgenden Beitrag zum Verhältnis von Mission und Menschenwürde Stellung.*

Wo die Menschen die primitivsten Lebensvoraussetzungen nicht haben, wo sie hungern, geistig in Analphabetismus ersticken, wo sie nur ungerechte Gewalt und Unterdrückung erfahren, können sie nicht jene auch nur anfanghaften Erfahrungen von der Würde des Menschen in einem genügenden und auch gesellschaftlich bedeutsamen Maße machen, die das Christentum voraussetzen oder eben selber schaffen muss, wenn seine Botschaft vom unbegrenzten Sinn und von der radikalen Tiefe dieser Würde des Menschen ankommen soll, die letztlich vom unendlichen und ewigen Gott des Lichtes und der Freiheit mitkonstituiert wird.

Karl Rahner: Über die Würde des Menschen. In: Missio-Korrespondenz 1977, S. 5f.

Die Würde des Menschen wurzelt in seiner Erschaffung nach Gottes Bild und Ähnlichkeit.

Katechismus der Katholischen Kirche

15. Verteidigung der Menschenrechte

Amnesty International: Defend the rights and dignity

■ *Amnesty International (ai) (gegr. 1961), eine nichtstaatliche, unabhängige Organisation (NGO = Non-governmental organization) zum weltweiten Schutz der Menschenrechte auf der Grundlage der Allgemeinen Erklärung der Menschenrechte, ist mit ca. 1,8 Millionen Mitgliedern und Sitz in London weltweit tätig.*

Was tut amnesty international?
ai arbeitet für die Freilassung von gewaltlosen politischen Gefangenen, d.h. von Männern und Frauen, die irgendwo auf der Welt wegen ihrer Überzeugung, Hautfarbe, ethnischen Herkunft, Sprache, wegen ihres Glaubens oder ihres Geschlechts inhaftiert sind und Gewalt weder angewandt noch zu ihrer Anwendung aufgerufen haben;
ai setzt sich – unabhängig von der Gewaltfrage – zugunsten aller politischen Gefangenen für faire und zügige Gerichtsverfahren ein;
ai wendet sich in jedem Fall gegen Folter und Todesstrafe, gegen »Verschwindenlassen« und extralegale Hinrichtungen;
ai versucht, die Abschiebung von Menschen in ihr Heimatland zu verhindern, wenn sie dort von der Inhaftierung als gewaltlose politische Gefangene, von Folter oder Todesstrafe bedroht sind. Sie hilft politisch Verfolgten, in einem anderen Land Schutz zu finden;
ai spricht sich gegen den internationalen Transfer von Waffen, Ausrüstung und Know-how für Militär, Polizei- und Sicherheitskräfte aus, wenn diese von den Empfängerländern dazu benutzt werden, gewaltlose politische Gefangene festzuhalten, Folter anzuwenden, die Todesstrafe oder extralegale Hinrichtungen zu vollziehen;
ai schickt – soweit das möglich ist – eigene Missionen in Gefängnisse und Lager und setzt sich für die Beachtung der Mindestgrundsätze der Vereinten Nationen für die Behandlung von Gefangenen ein;
ai entsendet Beobachter zu politischen Prozessen;
ai trägt in Einzelfällen die Kosten für die Behandlung und Rehabilitation von Folteropfern.

For example, we take action to:
Stop violence against women
Defend the rights and dignity of those trapped in poverty
Abolish the death penalty
Oppose torture and combat terror with justice
Free prisoners of conscience
Protect the rights of refugees and migrants
Regulate the global arms trade

Selbstauskünfte von ai: Infoblatt der deutschen Sektion von ai, sowie: http://www.amnesty.org/en/who-we-are/about-amnesty-international.

Es mag Zeiten geben, da wir gegen Ungerechtigkeiten machtlos sind, aber wir dürfen nie versäumen, dagegen zu protestieren. *Friedensnobelpreisträger Elie Wiesel*

Christine Chwaszcza: »Humanitäre Intervention«

■ *Christine Chwaszcza, geb. 1962, ist seit 2005 Professorin für soziale und politische Theorie in Florenz.*

Die derzeit wohl strittigste Thematik ist das Instrument der so genannten humanitären Intervention. Darunter ist nicht jede Form der Einmischung zu verstehen, sondern ein mit militärischen Mitteln durchgeführter Eingriff auf fremdem Territorium, der ohne oder gegen die explizite Erlaubnis der jeweiligen nationalen Regierung erfolgt und dem Zwecke der Beendigung massiver Menschenrechtsverletzungen (Genozid, ethnische Vertreibung, Versklavung) dient.
Dabei haben sowohl in der öffentlichen als auch in der philosophischen Debatte zwei die Diskussion argumentativ strukturierende Forderungen eine gewisse Popularität erlangt: Das ist zum einen die Auffassung, dass eine ›humanitäre Intervention‹ nur dann und insoweit gerechtfertigt ist, als sie vom Sicherheitsrat der Vereinten Nationen beschlossen und eingeleitet wird; sowie zum anderen die Auffassung, dass die – ursprünglich aus der Theorie des ›gerechten Krieges‹ (des sog. *ius ad bellum*) stammende – Bedingung der ›intentio recta‹, d. h. der ›humanitären Absicht‹ erfüllt sein muss.
So berechtigt die Einforderung einer ›intentio recta‹ *prima facie* [auf den ersten Blick] klingt, so wenig ist ersichtlich, wie ihre Erfüllungsbedingungen in der Praxis bestimmt werden könnten.
Aber auch die erste Forderung ist nicht überzeugend. Sie baut entweder implizit auf der Analogie zu einer ideal handelnden – und gerichtlich und/oder demokratisch kontrollierbaren – Exekutive auf, die im Falle der Institution der Vereinten Nationen nicht einmal im Ansatz trägt; oder nimmt eine im Kern positivistische Haltung an, die sich am Buchstaben des Völkerrechts – hier der Charta der Vereinten Nationen – orientiert, ohne Abstriche an die praktischen Defizite in der Realität vorzunehmen. Obwohl formalvertragsrechtlich der Sicherheitsrat ein Monopol zur Einleitung militärischer Maßnahmen besitzt, ist seine Initiative und Einwilligung unter legitimitätstheoretischen* Gesichtspunkten nicht eine Voraussetzung, sondern eine Pflicht, der der Sicherheitsrat in der Praxis allerdings nicht immer und nicht konsistent [widerspruchsfrei] nachkommt.
Unter menschlicher Perspektive ist es die Verletzung der Menschenrechte der betroffenen Personen, die die Maßnahmen der ›humanitären Intervention‹ rechtfertigt, nicht die Anerkennung der Charta der Vereinten Nationen.

Christine Chwaszcza: Menschenrechte und universelle Gerechtigkeit, in: Claus Langbehn (Hrsg.): Recht, Gerechtigkeit und Freiheit. Aufsätze zur politischen Philosophie der Gegenwart, Mentis Verlag Paderborn 2006, S. 131–156, Zit. S. 154–156 (gekürzt).

**Legitimität = Rechtmäßigkeit*

Die Gerechtigkeit ist ohnmächtig ohne die Macht; die Macht ist tyrannisch ohne die Gerechtigkeit.

Der Mathematiker und Philosoph Blaise Pascal

Wuppertal Institut: Dreimal ökologische Gerechtigkeit

■ *Das unabhängige Wuppertal Institut für Klima, Umwelt, Energie erforscht die Ökologie in ihren Wechselbeziehungen (Gesellschaft, Wirtschaft) und entwickelt Leitbilder zur nachhaltigen Entwicklung.*

Nun ist offensichtlich, dass die Ökologie sich mit *biophysischen Grenzen* beschäftigt. Was sie aber mit Gerechtigkeit zu tun haben soll, liegt nicht auf der Hand. In welchem Sinne lässt sich Ökologie als Thema der Gerechtigkeit fassen?

Als erste Form ökologischer Gerechtigkeit kann die *biosphärische Gerechtigkeit* gelten. Alles Lebendige ist Teil der Biosphäre. Unter dem Gesichtspunkt biosphärischer Gerechtigkeit geht es also darum, wie der erste Absatz der Erd-Charta formuliert, zu »erkennen, dass alles, was ist, voneinander abhängig ist, und alles, was lebt, einen Wert in sich hat, unabhängig von seinem Nutzwert für die Menschen«.

Demgegenüber richtet der Begriff der *intergenerationellen Gerechtigkeit* die Aufmerksamkeit auf die Beziehung zwischen den gegenwärtig Lebenden und den zukünftigen Generationen. Er dehnt das Prinzip der Fairness entlang der Zeitachse aus und erweitert damit den Kreis der menschlichen Gemeinschaft. Die Bedürfnisse der Gegenwart zu befriedigen, ohne zu riskieren, dass künftige Generationen die ihrigen nicht befriedigen können.

Doch Umweltverbrauch prägt nicht nur die Beziehung der Menschen zur Natur, sondern auch die Beziehungen der Menschen untereinander. Umweltveränderungen sind gewöhnlich gut für die einen und schlecht für die anderen. Wer nimmt wie viel aus der Ökosphäre und kann sich welchen Nutzen von den Naturressourcen aneignen? Wer wiederum hat welche Belastungen zu tragen und muss mit den vielfältigen Kosten von Umweltverbrauch fertig werden? Das sind die beiden Schlüsselfragen der ökologischen Gerechtigkeit zwischen den gleichzeitig Lebenden, der *intra-generationellen* oder *Ressourcen-Gerechtigkeit.* Sie stellen sich, weil Vorteile von Umweltverbrauch – etwa Besitz, Prestige, Gewinn, Macht – und Nachteile – etwa Verschmutzung, Verhässlichung, Entbehrung, Armut – gewöhnlich nicht beim selben Akteur, am selben Ort und zum selben Zeitpunkt anfallen, sondern sich ungleich verteilen. Machtbeziehungen etablieren ein soziales Gefälle, das dafür sorgt, dass sich auf der einen Seite eher die Vorteile und auf der anderen Seite eher die Nachteile ansammeln. Überhaupt lässt sich Macht in diesem Zusammenhang als die Fähigkeit definieren, den Nutzen von Umweltverbrauch zu internalisieren, die Kosten jedoch zu externalisieren – in Randgebieten, bei sozial schwachen Klassen oder zu einem späteren Zeitpunkt –, während der Nutzen sich in den Zentren, bei den sozial starken Klassen und ohne Verzug einstellt.

Alle drei Dimensionen ökologischer Gerechtigkeit streben danach, die Gastlichkeit der Erde zu erhalten. In jeder von ihnen geht es um die Sicherung der Existenz- und Entfaltungsrechte einer Klasse von Erdenbürgern auf dem Globus: bei der ersten Variante um jene der nichtmenschlichen Lebewesen, bei der zweiten um jene der späteren Generationen und bei der dritten um jene der benachteiligten Menschen und Länder.

Maurizio Cattelan: Installation.
Foto: Mauritius-images/Cubol Images.

Wuppertal Institut für Klima, Umwelt, Energie (Hrsg.): Fair Future. Begrenzte Ressourcen und globale Gerechtigkeit. Ein Report, C.H. Beck Verlag, München 2005, S. 37–40 (gekürzt).

Es gibt ungerechte Gesetze [...].
Wenn ein Gesetz so beschaffen ist, dass es notwendigerweise aus dir den Arm des Unrechts an einem anderen macht, dann, sage ich, brich das Gesetz. Mach dein Leben zu einem Gegengewicht, um die Maschine aufzuhalten. Jedenfalls muss ich zusehen, dass ich mich nicht zu dem Unrecht hergebe, das ich verdamme.

Der US-amerikanische Schriftsteller Henry David Thoreau in seiner Schrift »The Resistance to Civil Government«

F Gerechtigkeit in unserem Land

Umfragen zeigen immer wieder: Gerechtigkeit ist für die Menschen in Deutschland einer der am häufigsten genannten Werte. Doch Statistiken belegen: Die Wirklichkeit sieht anders aus. In Deutschland sind Einkünfte und Vermögen sehr ungleich verteilt, und die Schere zwischen Reichen und Armen öffnet sich immer weiter. Hinzu kommt, dass die Startchancen äußerst unterschiedlich sind und das Bildungssystem diese Ungleichheit eher zementiert als ausgleicht. Deutschland aber ist ein Sozialstaat. So steht es im Grundgesetz. Was also tut die Politik angesichts der offensichtlichen Ungerechtigkeit? Und was die Kirche? Erinnert sie sich noch an die biblische Verheißung von Gottes Reich und Gerechtigkeit? Und hofft sie nicht nur, sondern handelt sie auch dementsprechend?
Die Frage nach der Gerechtigkeit fächert sich damit auf in drei Themen: die Frage, wie gerecht unser Bildungssystem ist (Kap. 16), das Problem von Armut und Reichtum in unserem Land (Kap. 17) und schließlich die Frage, ob die kirchliche Diakonie den Menschen »am Rande der Gesellschaft« nicht nur hilft, sondern sich auch für eine Änderung der Situation engagiert (Kap 18).

16. Bildung

Ergin Merik: Jetzt will ich den Realschulabschluss schaffen!

Ich weiß nicht, ob ich mich als Deutscher oder Türke fühle. In der Türkei sind wir die Deutschen, und hier sind wir die Türken. Zuhause fühle ich mich in Frankfurt.
Ich bin Muslim. Freitags sollte man in die Moschee gehen, das mache ich aber nur selten. Freunde habe ich mehr türkische als deutsche. Die sind so wie ich, ich kann mich besser mit ihnen verständigen. Wir Türken halten mehr zusammen. Die Deutschen wollen oft nix mit uns zu tun haben. Deutsche werden schon besser beurteilt als Türken. Ich hab mal was gekauft und ausgepackt. Als ich es umtauschen wollte, hat der Verkäufer es nicht zurückgenommen. Dann habe ich einen deutschen Freund hingeschickt, und es ging ruckzuck.
Es gibt auch Lehrer, die einen schlechter benoten als deutsche Schüler. In meiner alten Schule war so einer. Der hat mir im Zeugnis eine Sechs gegeben, in Physik. Jetzt habe ich eine Zwei. Mein Zeugnis ist ganz okay, ich habe nur zwei Vieren, keine Fünf. Jetzt will ich den Realabschluss schaffen. Hauptschule reicht nicht, um in Deutschland was zu erreichen.
Ich habe mal auf der Straße türkisch geredet, da kam eine Oma und hat gesagt: »Redet deutsch, wir sind hier in Deutschland.«

Ergin Merik, 17 Jahre, Hauptschüler aus Frankfurt, in Deutschland geboren. Aus: Frankfurter Rundschau, 1. März 2008, S. 14, aufgezeichnet von Jutta Maier.

Jeder hat das Recht auf Bildung. Die Bildung ist unentgeltlich, zum mindesten der Grundschulunterricht und die grundlegende Bildung [...], und der Hochschulunterricht muss allen gleichermaßen entsprechend ihren Fähigkeiten offen stehen.
Artikel 26, Teil a) der Allgemeinen Erklärung der Menschenrechte

Julia Friedrichs: Ich will leisten. Ich werde leisten

■ *Die Autorin Julia Friedrichs besuchte ein Jahr lang Bildungseinrichtungen der so genannten »Elite« und berichtet im Interview:*

Die Schüler und Studenten stellen das System, in das ihre Eltern sie geschickt haben, nicht in Frage?
Nein! Dass sie Elite sind und auch ein Recht darauf haben, ist bei ihnen völlig unstrittig. Sie sagen Parolen wie: Leistung muss sich wieder lohnen, Deutschland muss wirtschaftsfreundlicher werden, wir werden das Land voranbringen. Studenten haben all das längst verinnerlicht. Ein 24-Jähriger sagte mir: Ich stehe mitten im Saft. Ich will leisten. Ich werde leisten. Wenn ich dann mehr Erfolg und Geld habe als andere, ist das richtig so. Das ist sehr typisch.
Spielt Talent für die Aufnahme an den Eliteeinrichtungen eine Rolle?
Kaum. Kitas und Internate nehmen jeden, der das Geld hat – und das kann schon einmal heißen: 1000 Euro für die Fünf-Sterne-Kita oder 2400 Euro für Schloss Salem im Monat. An den Universitäten gibt es Aufnahmeprüfungen. Es ist aber schwer zu beurteilen, ob die besonders schwierig sind.
Worauf begründen die Schüler und Studenten denn dann den Anspruch, Elite zu sein?
Aus einer Mischung aus Herkunft und eigener Leistung – aber interessanterweise keinesfalls mit Geld! Dass andere es genauso schaffen können und es ja auch Kredite und Stipendien gebe, ist ein Argument, das ich sehr häufig gehört habe.
Leistungsbereit sind sie tatsächlich?
Ja, vor allem die Studenten. An den Unis wird Leistung gleichsam als Quantität von Arbeit definiert; Zwölf-Stunden-Tage sind die Regel. Ein Student zeigte mir seinen Terminkalender, jede Viertelstunde war da durchgetaktet. Er fand das überhaupt nicht schlimm, nach dem Motto: Wer es zu etwas bringen will, darf sich eben keine Pausen leisten.

Julia Friedrichs im Interview mit der Frankfurter Rundschau, 12.03.2008, S. 10.

OECD: Allen die gleichen Bildungschancen eröffnen

■ *Die Organisation für wirtschaftliche Zusammenarbeit und Entwicklung (OECD) veröffentlicht mit »Education at a Glance« regelmäßig Vergleiche der Bildungssysteme der Mitgliedsländer und greift dabei auch auf Ergebnisse der PISA-Schulleistungsstudien zurück.*

Bildung und Beschäftigung

In den meisten OECD-Ländern steigen die Beschäftigungsquoten mit zunehmendem Bildungsstand.
Angesichts der entscheidenden Rolle, die Bildung für den beruflichen Erfolg spielt, bereiten Schul- und Berufsausbildung den Weg für die Integration der Migranten in den Arbeitsmarkt.

Schulbildung

PISA bewertet den schulischen Erfolg 15-jähriger Schüler mit Migrationshintergrund sowohl im Vergleich mit den inländischen Mitschülern als auch im Vergleich mit ähnlichen Schülerpopulationen in anderen Ländern.
In den 14 OECD-Ländern, in denen Schüler mit Migrationshintergrund mehr als 3 Prozent der 15-jährigen Schüler ausmachen, liegen die Schüler der ersten Generation auf der PISA-Leistungsskala Mathematik 48 Ergebnispunkte hinter ihren inländischen Klassenkameraden zurück, was im Durchschnitt mehr als einer Klassenstufe entspricht (der durchschnittliche Leistungsanstieg während eines Schuljahres wird auf 41 Ergebnispunkte geschätzt). Selbst nach Berücksichtigung sozioökonomischer Faktoren, wie Beruf und Bildungsstand der Eltern, bleibt ein Leistungsnachteil von 30 Punkten bestehen. Gleichzeitig zeigt [sich] jedoch, dass der Leistungsnachteil der Schüler mit Migrationshintergrund von Land zu Land stark variiert und von unwesentlichen Unterschieden in Australien, Kanada, Neuseeland und Macau (China) bis zu mehr als 90 Punkten Unterschied in Belgien und in Deutschland reicht – selbst für Schüler der zweiten Generation. […]

Keith Haring: Untitled, 1982. Vinylfarbe auf Vinylplane.
© The Estate of Keith Haring.

Hochschulbildung

In den meisten Ländern besteht eine starke sozioökonomische Selektion an den Hochschulen, wobei Studierende aus Familien mit höherem Bildungsabschluss überrepräsentiert und Studierende aus Arbeiterfamilien unterrepräsentiert sind. In Deutschland, Frankreich, Österreich und dem Vereinigten Königreich ist die Wahrscheinlichkeit, mit der jemand ein Hochschulstudium beginnt, zweimal größer, wenn der Vater einen Universitätsabschluss besitzt, als der entsprechende Anteil an der Gesamtbevölkerung in der betreffenden Altersgruppe erwarten ließe.

Bildungssystem und Gerechtigkeit

Eine Hauptaufgabe der Bildungssysteme besteht darin, allen in der Gesellschaft unabhängig vom sozioökonomischen Status die gleichen Bildungschancen zu eröffnen. Gleiche Voraussetzungen für Schüler aus wohlhabenden und weniger wohlhabenden Familien zu schaffen ist nicht nur eine Frage der Chancengleichheit, sondern, weit wichtiger, eine Möglichkeit, das Angebot an Arbeitskräften für hoch qualifizierte Berufe auszubauen und die Wettbewerbsfähigkeit der Arbeitnehmer insgesamt zu verbessern.

Quelle: OECD (Hrsg.): Bildung auf einen Blick 2007. OECD-Indikatoren, Paris 2007, S. 134, 113f., 128f. (gekürzt und leicht umgestellt).

Die Bildung muss auf die volle Entfaltung der menschlichen Persönlichkeit und auf die Stärkung der Achtung vor den Menschenrechten und Grundfreiheiten gerichtet sein. Sie muss zu Verständnis, Toleranz und Freundschaft zwischen allen Nationen und allen rassischen oder religiösen Gruppen beitragen und der Tätigkeit der Vereinten Nationen für die Wahrung des Friedens förderlich sein.

Artikel 26, Teil b) der Allg. Erklärung der Menschenrechte

Evangelische Kirche in Deutschland: Gerechte Teilhabe

■ *Zur Frage der Gerechtigkeit äußerte sich die Dachorganisation »Evangelische Kirche in Deutschland« (EKD) ausführlich in der Denkschrift »Gerechte Teilhabe« aus dem Jahr 2006 (Weitere Auszüge aus dieser Denkschrift bzw. der Kundgebung finden sich auf den Seiten 51, 56 und 68).*

Das Konzept der Teilhabe- oder Beteiligungsgerechtigkeit
In der Sozialethik hat sich als Grundlage [für ein angemessenes Verständnis von Gerechtigkeit] das Konzept der Teilhabe- oder Beteiligungsgerechtigkeit entwickelt. Es zielt wesentlich auf eine möglichst umfassende Integration aller Gesellschaftsglieder. Niemand darf von den grundlegenden Möglichkeiten zum Leben, weder materiell noch im Blick auf die Chancen einer eigenständigen Lebensführung, ausgeschlossen werden. Armut ist also fehlende Teilhabe.
Von allen zur Armut beitragenden Faktoren schlägt mangelnde Bildung am deutlichsten durch. Ein Indikator dafür ist, dass ein sehr hoher Prozentsatz aller Sozialhilfeempfänger keinen Schulabschluss hat.

Gleiche Bildungs- und Ausbildungschancen sicherstellen!
Die Chancengleichheit bei Bildung und Ausbildung hat abgenommen. Besonders benachteiligt sind Kinder aus armen Familien und Familien mit Zuwanderungsgeschichte. Mehr individuelles Fördern und Fordern, Begleitung sowie Integration sind zwingend erforderlich. Das Bildungssystem trägt immer noch zur Verstärkung der Ungleichheit von Lebenschancen bei. Wir erwarten seine Veränderung. Besondere Beachtung muss dabei der Ausbau und die Qualifizierung der frühkindlichen Bildung finden. Die Bereitstellung der erforderlichen Finanzmittel muss selbstverständlich sein. Bildung stellt einen Wert an sich dar. Wenn Bildungsabschlüsse zu keiner beruflichen Perspektive führen, werden sie entwertet. Die Bereitstellung von Ausbildungsplätzen muss als Verpflichtung begriffen werden.

Kirchenamt der EKD (Hrsg.): Gerechte Teilhabe. Befähigung zu Eigenverantwortung und Solidarität. Mit einer Kundgebung der Synode der EKD. Eine Denkschrift des Rates der Evangelischen Kirche in Deutschland zur Armut in Deutschland, Gütersloh 2006, S. 43, 61 (gekürzt).

Michael Welker: Nicht an das Bildungssystem delegieren …

■ *Michael Welker, geb. 1947, ist Professor für Systematische Theologie an der Universität Heidelberg.*

Bildung – Teilhabe – Gerechtigkeit, die mit diesen Begriffen angedeutete Programmatik darf nicht den Eindruck erwecken, das deutsche Bildungssystem könnte die brennenden arbeitsmarktpolitischen Probleme in absehbarer Zukunft lösen oder auch nur erheblich lindern. Die Folgen des Zusammenbruchs der ostdeutschen Wirtschaft und die Folgen der nicht gelungenen kulturellen Integration vieler der gezielt ins Land gerufenen »ungelernten« Arbeiter und ihrer Nachkommen erfordern politische Maßnahmen, die nicht an das Bildungssystem delegiert werden können.
Die Förderung der Familie in der Wahrnehmung ihrer Bildungsverantwortung ist eine große Herausforderung, die in den Bereichen der Schule und der Kindertageseinrichtungen, aber auch in neuen Formen klarer wahrgenommen werden muss.
Im kirchlichen Bereich wird die Erinnerung an die Taufverantwortung der Gemeinde und der Paten und die damit verbundene Bildungsverantwortung – nicht nur für die geistliche Bildung – von großer Bedeutung sein.

Michael Welker: Bildung und Teilhabe, in: Helmut Beck/Heinz Schmidt (Hrsg.): Bildung als diakonische Aufgabe. Befähigung – Teilhabe – Gerechtigkeit, Kohlhammer Verlag, Stuttgart 2008, S. 46f.

EKD: Bildungsarbeit – eines der wichtigsten Arbeitsfelder der Kirche

■ *Würden die heute erkennbaren Trends (Rückgang an Mitgliedern und Kirchensteuern) fortgeschrieben, hätte die Evangelische Kirche in Deutschland (EKD) im Jahre 2030 ein Drittel weniger Kirchenmitglieder und nur noch die Hälfte der heutigen Finanzkraft. Zur Debatte um eine notwendige Reform und Neuaufstellung der Kirche hat der Rat der EKD im Jahr 2006 ein Impulspapier mit dem Titel »Kirche der Freiheit« veröffentlicht mit zwölf thematisch akzentuierten »Leuchtfeuern«; das siebte behandelt das Thema »Bildung«:*

Auf Gott vertrauen und das Leben gestalten – evangelische Bildungsarbeit als Zeugnisdienst in der Welt verstehen.
Im Jahre 2030 ist Bildungsarbeit eines der wichtigsten Arbeitsfelder der evangelischen Kirche. Sie führt Kinder und Jugendliche an den christlichen Glauben und an verantwortliches Leben aus Glauben heran. Sie bestärkt Christen darin, in Familie, Beruf und Gesellschaft von Gott Gutes zu sagen und den christlichen Glauben zu bezeugen. In kirchlichen wie in staatlichen Institutionen konzentriert sich evangelische Bildungsarbeit auf die Beheimatung in den Überlieferungen des Glaubens und auf die Dialogfähigkeit mit anderen Religionen und Weltanschauungen. Wo immer der evangelischen Kirche Interesse an evangelischer Bildungsarbeit entgegentritt, wird sie diesem Interesse nachzukommen suchen. Dabei erhofft sie nicht nur Resonanz und Respekt, sondern auch die für den Umfang dieser Arbeit nötige Refinanzierung.

Kirchenamt der EKD (Hrsg.): Kirche der Freiheit. Perspektiven für die evangelische Kirche im 21. Jahrhundert. Ein Impulspapier des Rates der EKD, Hannover 2006, S. 77.

Es ist pure Heuchelei, den Armen »Bildet Euch!« zu predigen, im Regelsatz für Hartz-IV-Empfänger dafür jedoch keinen Cent vorzusehen. Kinder unter 14 Jahren erhalten 1,79 Euro im Monat für Schulmaterialien und 2,72 Euro pro Tag für Nahrung. Wer seinen Bildungshunger stillen will, muss indes zunächst einmal satt zu essen haben!

Der Soziologe Christoph Butterwegge im Jahr 2008

17. Armut und Reichtum

Annette Pehnt: … es könnte schlimmer sein …

■ *Die Freiburger Schriftstellerin Annette Pehnt, geb. 1967, beschreibt in ihrem Roman »Mobbing« (2007) Probleme von Arbeitswelt und Arbeitslosigkeit. Jo, der Mann der Ich-Erzählerin, hat seinen Job, in dem er jahrelang gemobbt wurde, nun endgültig verloren.*

Du kannst nicht sagen, dass sich niemand kümmert, sage ich zu Jo und zähle alle Freunde auf, die seit der Kündigung angerufen, selbst gebackenen Kuchen gebracht, uns Weinflaschen und abgelegte Kleider für die Kinder geschenkt haben.
Nicht dass ihr Hartz IV wärt, sagen sie, wir dachten nur, ihr könntet es gebrauchen.
Wenn ich durch das Haus gehe, überlege ich, was wir mitnehmen würden, wenn wir ausziehen müssten.
Am schlimmsten wäre es für Mona. Sie sagt, das Haus sei ihr Freund. Ich sage ihr, man soll nicht an den Dingen hängen, aber für sie ist das Haus kein Ding. Hallo Haus, ruft sie, wenn sie aus dem Kindergarten kommt, und legt lauschend den Kopf schräg. Dann lacht sie zufrieden und erklärt mir, was das Haus am Morgen alles erlebt hat. Es hat sich vom Nieselregen am Dach kitzeln lassen, und als es müde war, hat es sich rechts und links an seine Freunde angelehnt. Gut, dass wir ein Reihenmittelhaus haben.
Andere haben gar kein Haus. Oder nie Arbeit gehabt. Oder eine schreckliche Krankheit. Also könnte es schlimmer sein. Jetzt, wo es so weit ist, denke ich, es könnte schlimmer sein. Jo, der jahrelang gekämpft hat, findet, jetzt, wo es so weit ist, seine Kraft nicht mehr. Er ist aufgebraucht. Man könnte auch sagen: Etwas in ihm ist zerbrochen.

Annette Pehnt: Mobbing, Piper Verlag, München 2007, S. 11–14 (gekürzt).

Jeder hat das Recht auf Arbeit, auf freie Berufswahl, auf gerechte und befriedigende Arbeitsbedingungen sowie auf Schutz vor Arbeitslosigkeit.
Jeder, ohne Unterschied, hat das Recht auf gleichen Lohn für gleiche Arbeit.
Jeder, der arbeitet, hat das Recht auf gerechte und befriedigende Entlohnung, die ihm und seiner Familie eine der menschlichen Würde entsprechende Existenz sichert, gegebenenfalls ergänzt durch andere soziale Schutzmaßnahmen.

Artikel 23 der Allg. Erklärung der Menschenrechte

Duane Hanson: Bowery Derelicts (1969). Neue Galerie Aachen. © VG Bild-Kunst, Bonn 2008.

Statistisches Bundesamt: Einkommensarmut

■ *Das Statistische Bundesamt Deutschland mit Hauptsitz in Wiesbaden erarbeitet im Auftrag der Bundesregierung allgemein zugängliche statistische Informationen.*

Ein allgemeiner Indikator zur Beschreibung der Einkommensverteilung sind die Einkommensanteile, die ein bestimmter Teil der nach der Einkommenshöhe geordneten Bevölkerung innehat. Hier zeigt sich, dass die ärmsten 20% der Bevölkerung (das unterste Quintil = Fünftel) langjährig über knapp 10% des monatlichen Gesamteinkommens verfügen.
Nach dem Jahr 2000 ging der Einkommensanteil des ärmsten Quintils auf teilweise unter 9,5% zurück. Die reichsten 20% (das oberste Quintil) haben demgegenüber langjährig etwa 35% des monatlichen Gesamteinkommens zur Verfügung, seit 2003 waren es 36%. [...]
Frauen sind etwas mehr als Männer von Einkommensarmut betroffen. Am höchsten war die Armutsquote im Jahr 1997 in der Altersgruppe von 11–20 Jahren, im Jahr 2004 in der Altersgruppe von 21–30 Jahren. Unter den Jugendlichen und jungen Erwachsenen lebt derzeit jeder sechste in unzureichenden Einkommensverhältnissen. Nach den Auszubildenden und Volontären finden sich innerhalb der beruflichen Statusgruppen die höchsten Armutsquoten unter den un- und angelernten Arbeitern. Bei beiden Gruppen hat sich das Armutsrisiko gegenüber 1997 weiter erhöht.

Statistisches Bundesamt (Hrsg.): Datenreport 2006. Zahlen und Fakten über die Bundesrepublik Deutschland, Bonn 2006, S. 609, 616 und 618.

DIW: Zwei Drittel – kein Vermögen

■ *Das Deutsche Institut für Wirtschaftsforschung (DIW Berlin) ist eines der fünf großen Wirtschaftsforschungsinstitute in Deutschland.*

Rund zwei Drittel der Bevölkerung verfügten im Jahr 2002 über kein oder nur ein sehr geringes individuelles Netto-Vermögen (Geld- und Realvermögen). Im Gegensatz dazu besitzen die reichsten 10 Prozent knapp 60 Prozent des gesamten Vermögens. Das arithmetische Mittel beläuft sich in Deutschland insgesamt auf knapp 81 000 Euro, wobei Personen in den alten Ländern mit knapp unter 92 000 Euro rund 2,6-mal soviel Vermögen besitzen wie diejenigen in den neuen Ländern. Auch zwischen Männern und Frauen zeigen sich große Unterschiede. Männer besaßen 2002 mit rund 96 000 Euro etwa 29 000 Euro mehr Vermögen als Frauen. [...]
Vor dem Hintergrund der zunehmenden Bedeutung von Vermögenseinkommen, der stark ungleichen Vermögensverteilung und des engen Zusammenhangs zwischen laufenden Einkommen und der Höhe des Vermögens besteht unter anderem ein verstärktes Interesse an einer Reform der Erbschafts- und Schenkungssteuer. Die im internationalen Vergleich geringen Steuersätze und die sehr hohen Freibeträge in Deutschland sollten im Rahmen einer Überarbeitung der Steuergesetzgebung vor dem Hintergrund der hier vorgelegten Ergebnisse überdacht werden, zumal der Anteil der Erbschafts- und Schenkungssteuer am gesamten Steueraufkommen mit durchschnittlich 4 Mrd. Euro oder 0,8 Prozent der Steuereinnahmen recht gering ausfällt.

Deutsches Institut für Wirtschaftsforschung, DIW Berlin, Wochenbericht 45/2007, 74. Jg., 7. November 2007, S. 671f.

Armut ist der beste Schutz vor Besitzverlust.

Dieter Hildebrandt, Kabarettist

Wolfgang Huber: Evangelische Sozialethik

■ *Zu Bischof Wolfgang Huber (geb. 1942), dem Vorsitzenden des Rats der Evangelischen Kirche in Deutschland (EKD) siehe auch Seite 16 (sowie 42).*

In dieser Situation des Umbruchs steht evangelische Sozialethik – ebenso wie die katholische Soziallehre – erneut vor der Aufgabe, Orientierungen für Christen wie für alle Menschen in unserem Lande zu vermitteln und eine klare Orientierung für kirchliches Handeln in diesem Feld zu erarbeiten. Dabei wird beides im Blick sein: die wirtschaftliche Leistungsfähigkeit, ohne die sozialethische Ziele leicht ins Wesenlose verfliegen; aber auch sozialethische Maßstäbe, ohne die wirtschaftliche Leistungsfähigkeit leicht zum Recht des Stärkeren verkommt. Soziale Gerechtigkeit bleibt deshalb der bestimmende Maßstab.
Wachsende Ungleichheiten zwischen Arm und Reich bleiben eine Herausforderung. Es wird eine kooperative Struktur ökonomischen Handelns gefordert, in der Arbeit und Kapital sich gleichberechtigt aufeinander beziehen können.
Privateigentum wird vom christlichen Menschenbild her grundsätzlich bejaht, aber seine Verwendung ausdrücklich und nachhaltig an den Nutzen für die Allgemeinheit gebunden.
Gewinn ohne Leistung, pures Spekulationsvermögen oder überhöhte Managergehälter werden unter sozialethischer Perspektive abgelehnt.
Arbeit soll kein sinnentleertes, repetitives [= wiederholendes / routinemäßiges] Tun sein, sondern hat vom reformatorischen Berufsgedanken her einen eigenen inneren Sinn und eine eigene Würde.
Und schließlich: Wirtschaftliches Handeln ist nicht nur interessegeleitete Produktion innerhalb eines verselbständigten Systems, sondern ist als geistiges Handeln und von daher als kulturelle Praxis zu verstehen.
Kurz gesagt: Die Wirtschaft steht im Dienst der Menschen und muss hierauf auch immer wieder kritisch befragt werden. Jede Vorstellung, nach der sich das Wirtschaftssystem von Kultur und Gesellschaft entkoppelt, ist protestantischem sozialethischem Denken fremd. [...]

Wolfgang Huber: Soziale Gerechtigkeit – Orientierung an der evangelischen Soziallehre, in: Bischof Reinhard Marx (Hrsg.): Gerechtigkeit vor Gottes Angesicht. Worte, die weiterführen (Zum Katholikentag 2006), Herder Verlag, Freiburg i. Br. 2006, S. 113–119 (leicht gekürzt).

Fabian Marcaccio: We … You were doing so well (with the contract). Why this now? Paintant (2002). Ausschnitt aus einer größeren Bilderfolge.

Evangelische Kirche in Deutschland: Gerechte Teilhabe

■ *Die Denkschrift »Gerechte Teilhabe« des Rates der Evangelischen Kirche in Deutschland (EKD) aus dem Jahr 2006 (siehe Seite 48) hat das Prinzip der Teilhabe- oder Beteiligungsgerechtigkeit propagiert, das eine »umfassende Integration aller Gesellschaftsglieder« fordert und sich gegen einen Ausschluss Einzelner oder ganzer Gruppen und Schichten wehrt:*

Teilhabe- oder Beteiligungsgerechtigkeit
Dies gilt insbesondere angesichts des gegenwärtigen Skandals des massenhaften Ausschlusses von Menschen von der Teilhabe am Arbeitsmarkt, was oft auch zu einem Ausschluss vom sozialen und politischen Geschehen führt. Gegenüber diesen Ausgrenzungstendenzen, die häufig eine Negativspirale in Gang setzen, meint Teilhabegerechtigkeit die Eröffnung eines elementaren Anspruchs auf Teilhabe an den Lebensmöglichkeiten der Gesellschaft.

Ungleichheit wächst. In Deutschland ist besonders Vermögen zunehmend ungleich verteilt. Inzwischen verfügt das reichste Zehntel der Bevölkerung nahezu über die Hälfte des gesamten Privatvermögens. Dagegen besitzt das unterste Zehntel nicht viel mehr als ein Zwanzigstel. Mittlerweile gibt es vermehrt Löhne unterhalb des Existenzminimums, während Gehälter von Spitzenverdienern explodieren.
Den Ausgleich gestalten! Die zunehmende Ungleichheit bedroht das Ziel der Sozialen Marktwirtschaft, Wohlstand für alle zu schaffen.
Besitzer hoher Einkommen und Vermögen müssen stärker als in den letzten Jahren Verantwortung für das Gemeinwesen übernehmen. Dazu müssen sie vom Staat in die Pflicht genommen werden.

Kirchenamt der EKD (Hrsg.): Gerechte Teilhabe, Gütersloh 2006, S. 43; 85f. (gekürzt). © Gütersloher Verlagshaus in der Verlagsgruppe Random House, München.

Nicht nur Armut, sondern auch Reichtum muss ein Thema der politischen Debatte sein. Umverteilung ist gegenwärtig häufig die Umverteilung des Mangels, weil der Überfluss auf der andren Seite geschont wird.

Evangelische Kirche in Deutschland und Deutsche Bischofskonferenz gemeinsam im Jahr 1997

Papst Benedikt XVI.: Gott ist Liebe / Deus Caritas est

■ *Der deutsche Theologieprofessor und Kardinal Josef Ratzinger (geb. 1927) nahm nach seiner Wahl zum Papst den Namen Benedikt XVI. an. Im Jahr 2006 veröffentlichte er in seiner ersten Enzyklika unter dem Titel »Deus Caritas est« (Gott ist die Liebe) eine Stellungnahme zur Gerechtigkeit und zur Liebestätigkeit (Caritas) der katholischen Kirche (siehe dazu auch Seite 56):*

Gottes- und Nächstenliebe
Hier zeigt sich die notwendige Wechselwirkung zwischen Gottes- und Nächstenliebe, von der der Erste Johannesbrief so eindringlich spricht. Wenn die Berührung mit Gott in meinem Leben ganz fehlt, dann kann ich im Anderen immer nur den Anderen sehen und kann das göttliche Bild in ihm nicht erkennen. Wenn ich aber die Zuwendung zum Nächsten aus meinem Leben ganz weglasse und nur ›fromm‹ sein möchte, nur meine ›religiösen Pflichten‹ tun, dann verdorrt auch die Gottesbeziehung. […]

Gerechtigkeit als Aufgabe von Staat und Kirche
Gerechtigkeit ist Ziel und daher auch inneres Maß aller Politik. Die Politik ist mehr als Technik der Gestaltung öffentlicher Ordnungen: Ihr Ursprung und Ziel ist eben die Gerechtigkeit, und die ist ethischer Natur. So steht der Staat praktisch unabweisbar immer vor der Frage: Wie ist Gerechtigkeit hier und jetzt zu verwirklichen? Aber diese Frage setzt die andere, grundsätzlichere voraus: Was ist Gerechtigkeit? Dies ist eine Frage der praktischen Vernunft; aber damit die Vernunft recht funktionieren kann, muss sie immer wieder gereinigt werden, denn ihre ethische Erblindung durch das Obsiegen des Interesses und der Macht, die die Vernunft blenden, ist eine nie ganz zu bannende Gefahr. […]
Die Soziallehre der Kirche argumentiert von der Vernunft und vom Naturrecht her, das heißt von dem aus, was allen Menschen wesensgemäß ist. Und sie weiß, dass es nicht Auftrag der Kirche ist, selbst diese Lehre politisch durchzusetzen: Sie will der Gewissensbildung in der Politik dienen und helfen, dass die Hellsichtigkeit wächst und zugleich auch die Bereitschaft, von ihnen her zu handeln, selbst wenn das verbreiteten Interessenlagen widerspricht.

Benedikt XVI.: Gott ist die Liebe – die Enzyklika »Deus Caritas est«, vollst. Ausgabe ökumenisch kommentiert von Wolfgang Huber u. a., Herder Verlag, Freiburg u. a. 2006, S. 42f., 59f.

Angela Merkel: Nicht Gleichheitsvorsorge, sondern Freiheitsvorsorge

■ *Angela Dorothea Merkel (geb. 1954), Physikerin und Politikerin, wurde 2005 erste Kanzlerin der Bundesrepublik Deutschland.*

Freiheit ist seit der Aufklärung das Schlüsselwort unserer Epoche. Für uns in Deutschland ist sie die verfassungsrechtliche Grundlage für Rechtsstaat, Sozialstaat und Demokratie. Freiheit als Grundlage unseres Sozialstaates bedeutet mehr persönliche Verantwortung, Möglichkeit zur Wahl, Selbsthilfe, Eigenvorsorge. Das stärkt das Individuum. [...]

Aus meiner Sicht sprechen drei Gründe für einen Paradigmenwechsel zugunsten des Prinzips Freiheit:

Erstens hat die Wohlfahrtsentwicklung bei uns in den letzten Jahrzehnten zu einer Ausweitung sozialpolitischer Tatbestände geführt.

Zweitens erfordert die entstehende Dienstleistungs- und Wissensgesellschaft Umorientierung in der sozialen Sicherung. Den so genannten Eckarbeiter mit 45 Versicherungsjahren und einer Lebenseinteilung in die drei Phasen Ausbildung, Arbeit, Ruhestand wird es immer weniger geben.

Drittens: Die alte soziale Frage – des Widerspruchs zwischen Kapital und Arbeit – ist durch die Soziale Marktwirtschaft geordnet worden. Inzwischen haben sich unterschiedliche ›neue soziale Fragen‹ angesammelt, die der Problemlösung bedürfen:

Die erste neue soziale Frage betrifft den Ausgleich der Regionen in Deutschland.

Die zweite neue soziale Frage betrifft die Verteilung von Macht zwischen den organisierten und den nicht organisierten Interessen.

Die dritte neue soziale Frage betrifft das Verhältnis von Familie und Arbeitswelt.

Die vierte neue soziale Frage betrifft die Herstellung von Generationengerechtigkeit.

Die fünfte neue soziale Frage betrifft die Verbreiterung von Bildungschancen.

Wurde der Sozialstaat bisher durch die Forderung nach Gleichheit und Gerechtigkeit begründet, so ist es an der Zeit, ihn in der Perspektive des Prinzips Freiheit zu reformieren. Der Sozialstaat stellt sich damit in erster Linie nicht in den Dienst der Gleichheitsvorsorge, sondern der Freiheitsvorsorge. [...]

Eines ist deshalb gewiss: Ohne Freiheit der Personen, ohne eine weiterentwickelte freiheitliche Grundordnung und größere freiheitliche Gestaltungsräume für die Bürger, für eine aktive Bürgergesellschaft im nationalen, europäischen und globalen Kontext wird es im 21. Jahrhundert nicht gehen.

Angela Merkel: Freiheit, soziale Sicherheit und aktive Bürgergesellschaft, in: Konrad Deufel / Manfred Wolf (Hrsg.): Ende der Solidarität? Die Zukunft des Sozialstaats, Verlag Herder Freiburg i.Br. 2003, S. 88–95 (gekürzt).

> Die Bundesrepublik Deutschland ist ein demokratischer und sozialer Bundesstaat.
>
> *Art. 20 Abs. 1 Grundgesetz*

Christoph Butterwegge: Mehr Freiheit durch weniger Sicherheit, Gleichheit und Gerechtigkeit?

■ *Professor Christoph Butterwegge (geb. 1951) leitet die Abteilung für Politikwissenschaft an der Universität Köln.*

Legitimiert durch den in Fach- und Medienöffentlichkeit ständig wiederholten Hinweis auf Sachzwänge haushaltspolitischer Art bzw. tief greifende gesellschaftliche Wandlungsprozesse (Globalisierung sowie »Vergreisung« und »Schrumpfung« der Bevölkerung durch die demographische Entwicklung) einerseits sowie eine sukzessive Umdeutung des Gerechtigkeitsbegriffs (von der Bedarfs- zur »Leistungsgerechtigkeit«, der Verteilungs- zur »Teilhabegerechtigkeit« und der sozialen zur »Generationengerechtigkeit«) andererseits, wird der Wohlfahrtsstaat mittels verharmlosend und beschönigend »Reformen« genannter Maßnahmen der Großen wie der schwarz-gelben und der rot-grünen Koalition vor ihr nicht nur systematisch demontiert, sondern auch in mehrfacher Hinsicht transformiert:

Aus dem Wohlfahrtsstaat wird ein »nationaler Wettbewerbsstaat« (der Politikwissenschaftler Joachim Hirsch).

Aus dem Sozialstaat wird ein Minimalstaat. Der »schlanke Staat«, wie er dem Neoliberalismus vorschwebt, ist im Hinblick auf die Sozialpolitik eher magersüchtig, aber keineswegs frei von bürokratischen Auswüchsen – ganz im Gegenteil!

Der neoliberale Residualstaat [Rest- oder Minimalstaat] ist eher Kriminal- als Sozialstaat, weil ihn die drastische Reduktion der Wohlfahrt zur Repression gegenüber jenen Personengruppen zwingt, die als Modernisierungs- bzw. Globalisierungsverlierer/innen zu Opfern werden.

An die Stelle des aktiven Sozialstaates, wie man ihn bei uns bisher kannte, tritt ein »aktivierender«, Hilfebedürftige nicht mehr ohne entsprechende Gegenleistung alimentierender Sozialstaat. Der »welfare state« wandelt sich zum »workfare state«, wenn man den Arbeitszwang ins Zentrum der Beschäftigungs- und Sozialpolitik rückt.

Der deutsche Sozial(versicherungs)staat wird zu einem Fürsorge-, Almosen- und Suppenküchenstaat gemacht, der nicht mehr den Lebensstandard seiner Klientel erhält, sondern ihr nur noch eine Basisversorgung angedeihen lässt. Gleichzeitig wird das Gemeinwesen in einen Wohlfahrtsmarkt und einen Wohltätigkeitsstaat gespalten. Auf dem Wohlfahrtsmarkt kaufen sich jene Bürger/innen, die es sich finanziell leisten können, das für sie erschwingliche Maß an sozialer Sicherheit (z.B. Altersvorsorge durch Versicherungspolicen der Assekuranz). Ergänzend stellt der postmoderne Fürsorgestaat als »Grundsicherung« bezeichnete Minimalleistungen bereit, die Menschen vor dem Verhungern und Erfrieren bewahren, sie jedoch der Privatwohltätigkeit überantworten. Folgerichtig haben karitatives Engagement, ehrenamtliche Tätigkeiten im Sozial- und Gesundheitsbereich, persönliche Spendenfreudigkeit und die Gründung gemeinnütziger Stiftungen (wieder) Hochkonjunktur.

Christoph Butterwegge: Krise und Zukunft des Sozialstaates, VS Verlag für Sozialwissenschaften Wiesbaden, 3., erw. Aufl. 2006, S. 335f. (gekürzt).

> Jeder hat das Recht auf einen Lebensstandard, der seine und seiner Familie Gesundheit und Wohl gewährleistet, einschließlich Nahrung, Kleidung, Wohnung, ärztliche Versorgung und notwendige soziale Leistungen […].
>
> *Aus Artikel 25 der Allg. Erklärung der Menschenrechte*

Arthur Schnitzler: Ach, was wäre damit getan …

Auf einer Bank der Länge nach ausgestreckt, den Hut in die Stirn gedrückt, lag ein ziemlich zerlumpter Mensch. Wenn ich ihn aufweckte, dachte Fridolin, und ihm Geld für ein Nachtlager schenkte? Ach, was wäre damit getan, überlegte er weiter, dann müsste ich morgen auch für eines sorgen, sonst hätte es ja keinen Sinn, und am Ende würde ich noch sträflicher Beziehungen mit ihm verdächtigt. Und er beschleunigte seinen Schritt, wie um jeder Art von Verantwortung und Versuchung so rasch als möglich zu entfliehen. Warum gerade der? fragte er sich, Tausende von solchen armen Teufeln gibt's in Wien allein. Wenn man sich um die alle kümmern wollte – um die Schicksale aller Unbekannten!

Arthur Schnitzler: Traumnovelle, Lizenzausgabe der Süddeutschen Zeitung GmbH, München 2004, S. 20. © S. Fischer Verlag, Frankfurt a.M.

Bertolt Brecht: Die Nachtlager

Ich höre, dass in New York
An der Ecke der 26. Straße und des Broadway
Während der Wintermonate jeden Abend ein Mann steht
Und den Obdachlosen, die sich ansammeln
Durch Bitten an Vorübergehende ein Nachtlager verschafft.

Die Welt wird dadurch nicht anders
Die Beziehungen zwischen den Menschen bessern sich nicht
Das Zeitalter der Ausbeutung wird dadurch nicht verkürzt
Aber einige Männer haben ein Nachtlager
Der Wind wird von ihnen eine Nacht lang abgehalten
Der ihnen zugedachte Schnee fällt auf die Straße

Leg das Buch nicht nieder, der du das liesest, Mensch

Einige Menschen haben ein Nachtlager
Der Wind wird von ihnen eine Nacht lang abgehalten
Der ihnen zugedachte Schnee fällt auf die Straße
Aber die Welt wird dadurch nicht anders
Die Beziehungen zwischen den Menschen bessern sich dadurch nicht
Das Zeitalter der Ausbeutung wird dadurch nicht verkürzt

Bertolt Brecht: Die Nachtlager, in: Ders.: Gesammelte Werke, Bd. 8: Gedichte 1, Suhrkamp Verlag, Frankfurt a.M. 1967, S. 373f.

Andreas Slominski: Ohne Titel (1991). Museum für Moderne Kunst, Frankfurt a. M. Foto: Axel Schneider.

In jüngster Zeit hat das Konzept eines bedingungslosen, vom Staat finanzierten Grundeinkommens anstelle der bisherigen Sozialleistungen breite Beachtung gefunden, wird allerdings kontrovers diskutiert (Kolja Rudzio und Franz Segbers – Julian Nida-Rümelin).

Kolja Rudzio: Wahre Freiheit schaffe nur das Grundeinkommen

Leipzig, Peterskirche. Ein bitterkalter Abend Ende März. Es hat noch einmal geschneit. Ein paar Hundert Menschen haben sich davon nicht abschrecken lassen und sind durch Schnee und Kälte in die Kirche gestapft – angezogen von einer revolutionären Idee.
Die Menschen in der Kirche wollen etwas von einer neuen Gesellschaft hören. Von einer anderen Gesellschaft als der da draußen. Die erscheint ihnen ziemlich trostlos. Trotz Aufschwung sind mehr als vier Millionen Menschen arbeitslos. Allein in Leipzig konkurrieren 66000 Arbeitsuchende um 5000 gemeldete Stellen. Arbeitslose werden in Ein-Euro-Jobs gezwungen. Penible Beamte kontrollieren, wer mit wem zusammenlebt und wer arm genug ist für die Hartz-IV-Hilfe. Mehr als sieben Millionen Bundesbürger hängen am Tropf dieser Sozialleistung. Sie lebten im »offenen Strafvollzug«, meint der Mann, der an diesem Abend in der Peterskirche spricht.
Der so hart urteilt, heißt Götz Werner. Er ist Gründer der Drogeriekette dm, Milliardär und seit einigen Jahren ein besonders emsiger Verfechter eines umstürzlerischen Gesellschaftsmodells – der Idee eines allgemeinen Grundeinkommens. Jeder Bürger, ob jung oder alt, soll Geld vom Staat kriegen, ohne etwas dafür tun zu müssen. 800 Euro im Monat, vielleicht sogar 1500 Euro. Ein festes Einkommen, für das man nicht arbeiten muss. So wie Hartz IV und doch ganz anders, ohne Prüfung der Bedürftigkeit. Ohne jede Bedingung.
Eine irrsinnige Idee? Jedenfalls hat sie prominente Anhänger gefunden. Viele. Ihre Liste wird immer länger. Marktliberale Ökonomen werben ebenso dafür wie die Arbeitsloseninitiative. [...]
So bunt, wie die Anhängerschaft ist, so verschieden sind die Argumente, die für das Grundeinkommen ins Feld geführt werden. Drei Gedanken tauchen immer wieder auf: erstens die Feststellung, dass sich dank des technischen Fortschritts die Grundbedürfnisse aller Bürger mit geringem Aufwand befriedigen ließen. Zweitens, dass es immer weniger Erwerbsarbeit bedürfe. Deshalb sei das Ziel der Vollbeschäftigung, auf das die Sozialsysteme ausgerichtet seien, nun wirklich utopisch. Und drittens, dass der heutige Sozialstaat seine Bürger gängele, sich in ihr Privatleben einmische und sie wie Bittsteller behandele. Wahre Freiheit schaffe nur das Grundeinkommen.

Der Journalist Kolja Rudzio (geb. 1965) in: DIE ZEIT Nr. 16 vom 12.04.2007.

Franz Segbers: Ein gesichertes und autonomes Leben

■ *Franz Segbers (geb. 1949) war vor seiner Hochschullaufbahn Betriebsseelsorger in Frankfurt und ist heute Professor für Sozialethik in Marburg (s. auch Seite 11). Er versucht, den Grundgedanken einer evangelischen Wirtschaft, nicht der Mensch sei für die Wirtschaft, da, sondern die Ökonomie für ein menschenwürdiges Leben, auf die heutige Situation zu beziehen:*

Wenn die Aussage, die Wirtschaft sei für den Menschen da und nicht der Mensch für das Wohlergehen der Wirtschaft, keine nichts sagende Leerformel sein soll, dann ist ein Entwicklungspfad in diesem Reformkonzept keine übermäßige Belastung der Wirtschaft mit ›Kosten‹, die vom Ertrag der Wirtschaft abgehen oder ihren Erfolg schmälern, sondern erfüllt genau den Zweck der Wirtschaft. Die Wirtschaft hat für den Zweck dienlich zu sein, dass die Bürgerinnen und Bürger ein gesichertes und autonomes Leben so führen können, auf das sie sich verständigen und vereinbaren. [...]
Mit der Forderung nach einem Grundeinkommen ist verbunden, was sonst immer getrennt ist: es geht gleichermaßen um die Gewährung materieller Sicherheit und die Stärkung von Bürgerrechten und persönlicher Autonomie.

Franz Segbers in einem Vortrag in der Evangelischen Akademie Meißen am 6. 12. 2007.
Nach: http://www.netzwerk-grundeinkommen-chemnitz.de/pdf/meissen_fs_06.12.2007.pdf.

Julian Nida-Rümelin: Ein Grundeinkommen würde unsere Gesellschaft noch weiter spalten

■ *Julian Nida-Rümelin, geb. 1954, zeitweilig Kulturstaatsminister, lehrt politische Theorie und Philosophie in München.*

Konzeptionen des bedingungslosen Grundeinkommens gehen mit der Vision eines Reiches der Freiheit einher: Jeder kann zu jedem Zeitpunkt entscheiden, ob er der Erwerbsarbeit nachgehen will, ob er andere Arbeiten aufnehmen (bürgerliches Engagement, Familienarbeit ...) oder sich der Muße widmen will. [...]
Das zentrale Argument gegen diese so attraktive Idee eines bedingungslosen Grundeinkommens für alle ist die zu erwartende fundamentale Spaltung der Gesellschaft, in sozialer, kultureller und geschlechtlicher Hinsicht.
Die soziale Spaltung: Schon ein bescheidenes bedingungsloses Grundeinkommen würde zu einer extrem hohen Steuerbelastung führen.
Die kulturelle Spaltung: Die Einführung eines bedingungslosen Grundeinkommens würde die ohnehin bestehende kulturelle Spaltung der Gesellschaft in beruflich Integrierte und beruflich Nicht-Integrierte vertiefen.
Die Gender-Spaltung: Ein bedingungsloses Grundeinkommen würde sich in der Realität wie eine üppig ausgestattete »Herd-Prämie« auswirken.
Ich plädiere stattdessen für eine Erneuerung der Idee einer Arbeitsgesellschaft.

Julian Nida-Rümelin: Integration statt Ausstieg. Ein bedingungsloses Grundeinkommen würde unsere Gesellschaft noch weiter spalten, in: Frankfurter Rundschau, 5. Juni 2008, S. 36 (stark gekürzt).

Erró: Foodscape (1964). © VG Bild-Kunst, Bonn 2008.

18. Diakonie

Miriam P.

Miriam, ohne Schulabschluss, bekommt ihr erstes Kind mit 17, heiratet ein Jahr später den Vater des Kindes und zieht mit ihm in eine Mietwohnung. Nachdem es zu großen Schwierigkeiten in der Ehe gekommen ist und Miriam ihren Hauptschulabschluss nachmachen will, schaltet sich das Sozialamt ein und gibt die einjährige Tochter in eine Pflegefamilie. »Mein Kind musste ich ja abgeben. Ich hab ja dann meinen Hauptschulabschluss gemacht. Deswegen. Da hab ich eh keine Zeit gehabt, und dann ist es in die Familie gekommen.« Nachdem Miriam zurück zu ihren Eltern gezogen ist, ihr Mann die Mietwohnung aber erst nach einer Räumungsklage verlässt, häufen sich für unbezahlte Miete, Anwaltskosten und Renovierungsarbeiten 7000 € Schulden an, für die Miriam haftet. Hinzu kommen hohe Handykosten, einmal sind es in einem Monat 600 €. Drei Mal wird sie beim Schwarzfahren mit S- und U-Bahn erwischt und erhält daraufhin einen Strafbefehl über 700 €.

Leitbild Diakonie

Diakonie – damit Leben gelingt
Wir orientieren unser Handeln an der Bibel.
Wir achten die Würde jedes Menschen.
Wir leisten Hilfe und verschaffen Gehör.
Wir sind aus einer lebendigen Tradition innovativ.
Wir sind eine Dienstgemeinschaft von Frauen und Männern im Haupt- und Ehrenamt.
Wir sind dort, wo Menschen uns brauchen.
Wir sind Kirche.
Wir setzen uns ein für das Leben in der einen Welt.

http://www.diakonie.de/downloads/Leitbild_DWEKD.pdf vom 12.01.08.

Die herkömmliche Für-Kultur muss abgelöst werden durch eine Mit-Kultur. Ein neues Hilfekonzept der Diakonie wird sich verstehen müssen als Assistenz [Beistand] auf dem Weg zu einem selbstbestimmten Leben […].

Der ehemalige Direktor einer diakonischen Einrichtung und heutige Professor für Diakonie Johannes Degen

Evangelische Kirche in Deutschland: Diakonische Arbeit für die gerechte Teilhabe der Armen

■ *Zur Denkschrift »Gerechte Teilhabe« des Rates der Evangelischen Kirche in Deutschland (EKD) aus dem Jahr 2006 siehe Seite 48.*

Durch ihr diakonisches Engagement setzen sich evangelische Christinnen und Christen auch über die unmittelbare Gemeindearbeit hinaus ehrenamtlich und durch die Organisation professioneller Arbeit für eine Bekämpfung der Armut ein. ›Diakonische Hilfe geschieht in der Nachfolge Christi, der sich mit den Geringsten unter seinen Geschöpfen identifiziert.‹ [...]
Die konsequente Orientierung diakonischer Arbeit an dem dargestellten Leitbild der Teilhabegerechtigkeit erfordert eine verstärkte Orientierung aller Ebenen diakonischer Arbeit an drei Zielbestimmungen:
Diakonische Arbeit für die gerechte Teilhabe der Armen muss im Zusammenspiel zwischen dem diakonischen Engagement der Kirchengemeinden und den institutionellen Mitteln der diakonischen Träger geschehen.
Diakonische Arbeit für die gerechte Teilhabe der Armen muss sich mit anderen Akteuren der Zivilgesellschaft vernetzen.
Diakonisches Engagement für die gerechte Teilhabe der Armen muss stets auch öffentliches Engagement sein. Es gehört zu den wesentlichen Aufgaben der Diakonie, für die Korrektur von sozialen Ungerechtigkeiten einzutreten. [...]
Gerade das diakonische Engagement für die gerechte Teilhabe der Armen wird auch in Zukunft unverzichtbar sein.

Kirchenamt der EKD (Hrsg.): Gerechte Teilhabe (2006; s. S. 48), S. 71f. 75.

Papst Benedikt XVI.: Liebe – Caritas – wird immer nötig sein

■ *In seiner Enzyklika »Deus Caritas est« aus dem Jahr 2006 (siehe dazu auch Seite 50) spielt Papst Benedikt XVI. mit einer Doppelbedeutung des (aus dem Lateinischen stammenden) Wortes »Caritas«, zum einen ganz allgemein als »Liebe«, zum andern als Werk der christlichen Nächstenliebe, institutionalisiert im katholischen Hilfswerk »Caritas«.*

Immer wird es Situationen materieller Not geben
Liebe – Caritas – wird immer nötig sein, auch in der gerechtesten Gesellschaft. Es gibt keine gerechte Staatsordnung, die den Dienst der Liebe überflüssig machen könnte. Wer die Liebe abschaffen will, ist dabei, den Menschen als Menschen abzuschaffen. Immer wird es Leid geben, das Tröstung und Hilfe braucht. Immer wird es Einsamkeit geben. Immer wird es auch die Situationen materieller Not geben, in denen Hilfe im Sinn gelebter Nächstenliebe nötig ist. Der totale Versorgungsstaat, der alles an sich zieht, wird letztlich zu einer bürokratischen Instanz, die das Wesentliche nicht geben kann, das der leidende Mensch – jeder Mensch – braucht: die liebevolle persönliche Zuwendung. Nicht den alles regelnden und beherrschenden Staat brauchen wir, sondern den Staat, der entsprechend dem Subsidiaritätsprinzip* großzügig die Initiativen anerkennt und unterstützt, die aus den verschiedenen gesellschaftlichen Kräften aufsteigen und Spontaneität mit Nähe zu den hilfsbedürftigen Menschen verbinden. Die Kirche ist eine solche lebendige Kraft: In ihr lebt die Dynamik der vom Geist Christi entfachten Liebe, die den Menschen nicht nur materielle Hilfe, sondern auch die seelische Stärkung und Heilung bringt, die oft noch nötiger ist als die materielle Unterstützung. Die Behauptung, gerechte Strukturen würden die Liebestätigkeit überflüssig machen, verbirgt tatsächlich ein materialistisches Menschenbild: den Aberglauben, der Mensch lebe »nur von Brot« (Mt 4,4; vgl. Dtn 8, 3) – eine Überzeugung, die den Menschen erniedrigt und gerade das spezifisch Menschliche verkennt.

Das spezifische Profil der kirchlichen Liebestätigkeit
Was sind nun die konstitutiven Elemente, die das Wesen christlicher und kirchlicher Liebestätigkeit bilden?
Nach dem Vorbild, das das Gleichnis vom barmherzigen Samariter uns vor Augen stellt, ist christliche Liebestätigkeit zunächst einfach die Antwort auf das, was in einer konkreten Situation unmittelbar Not tut: Die Hungrigen müssen gespeist, die Nackten gekleidet, die Kranken auf Heilung hin behandelt, die Gefangenen besucht werden usw. Die karitativen Organisationen der Kirche – angefangen bei denen der (diözesanen, nationalen und internationalen) »Caritas« – müssen das ihnen Mögliche tun, damit die Mittel dafür und vor allem die Menschen bereitstehen, die solche Aufgaben übernehmen.

Benedikt XVI.: Gott ist die Liebe – die Enzyklika »Deus caritas est«, vollst. Ausgabe ökumenisch kommentiert von Wolfgang Huber u. a. – Freiburg u. a. 2006, S. 61, 70f.

** Subsidiaritätsprinzip: Wichtiger Begriff der katholischen Soziallehre, der dem Staat nur eine helfende Ergänzung (von lat. subsidium = Hilfe, Rückhalt, Reserve) der Selbstverantwortung von kleinen gesellschaftlichen Gemeinschaften, insbesondere der Familie, beimisst.*

Dieter Pohl: »Was machen Sie eigentlich mit meinem Geld in der Kirche?«

»Was machen Sie eigentlich mit meinem Geld in der Kirche?« fragen Kirchensteuerzahler und Spender. »Was kommt heraus bei meinen Investitionen in die Kirche?«
Die Antwort wird in der Regel in Form von Statistiken gegeben, etwa so: 60% der Finanzeinnahmen gehen in die Personalkosten, 15% in die Gebäudeunterhaltung, 20% in die Sachkosten, 5% in die restlichen Verbindlichkeiten. Andere gliedern die Ausgaben nach Arbeitsfeldern auf und stellen sie in einer Tortengrafik dar, etwa so: 22% des Geldes werden in den Arbeitsbereich Gottesdienst investiert, 16% in die Seelsorge, 12% in die Bildungs- und Gruppenarbeit, 40% in die Diakonie, 3% in den kirchlichen Entwicklungsdienst.
In der Eingangsfrage kann allerdings noch mehr Wissensdurst stecken: »Wie effizient gehen Sie eigentlich mit meinem Geld um? Wie wirksam wird es eingesetzt?«

Dieter Pohl: Kirche und Geld. Ein Wirtschaftsratgeber für Gemeinden, Evangelische Verlagsanstalt Leipzig 2007, S. 23f.

lichtblau.wagner: Pfarrzentrum in Podersdorf (Österreich). Foto: Margherita Spiluttini.

Evangelische Kirche in Deutschland: Diakonie evangelisch profilieren

■ *Zum Reformpapier der Evangelischen Kirche in Deutschland siehe Seite 48. Im Folgenden das Motto des achten »Leuchtfeuers« zum Thema »Diakonie«:*

Auf Gott vertrauen und das Leben gestalten – Diakonie evangelisch profilieren.
Im Jahre 2030 ist die Diakonie ein zentrales Handlungsfeld der sich auf ihre Stärken konzentrierenden evangelischen Kirche. Jede diakonische Aktivität hat ein deutlich wahrnehmbares evangelisches Profil und steht in einer guten Relation zu einem Handlungsfeld der evangelischen Kirche. Die Verbindung zwischen verfasster Kirche und Diakonie ist besser verwirklicht. Das Eintreten der Kirche für Menschenwürde und Menschenrechte, für Gerechtigkeit und nachhaltige Entwicklung, für Gewaltfreiheit und Frieden prägt die öffentliche Wirksamkeit der Kirche, ihrer Gemeinden und Initiativgruppen.

Kirchenamt der EKD (Hrsg.): Kirche der Freiheit (2006; s. S. 48), S. 81.

Leander D.: Eine gute Entscheidung

■ *Leander D., geb. 1987, hat nach dem Abitur seinen Zivildienst in einer sozialen Einrichtung abgeleistet. Jetzt studiert er Psychologie in Marburg.*

Eigentlich habe ich meinen Zivildienst angefangen, weil ich nicht wusste, was ich studieren will, und ich habe den Zivildienst als ein Hinauszögern der Entscheidung genommen. Aber als ich nach der Schule anfing, als Behindertenbetreuer in einer Schule für Körperbehinderte zu arbeiten, habe ich schnell gelernt, dass es doch eine gute Entscheidung war. Anfangs dachte ich, dass mein größtes Problem sein würde, die Körperpflege der Kinder zu machen, aber bald nimmt man das alles viel leichter und mit Ironie. Die schweren Situationen sind nicht die, in denen man weiß, dass man sich nur überwinden muss, etwas zu tun, sondern die, in denen man Kindern plötzlich Werte und Vorstellungen vermitteln soll, obwohl man selbst bis vor kurzem ein halbes Kind war. Die ganze Arbeit braucht viel Geduld, Durchsetzungsvermögen und Empathie [Einfühlungsvermögen]. Genau das habe ich auch aus meinem Zivildienst mitgenommen und ich würde ihn wieder genau bei der gleichen Stelle machen.
Textquelle: privat.

G Gerechte Globalisierung

»Ist es gerecht, wenn Leute in der Dritten Welt verhungern und bei uns eine Lebensmittelkette Waren acht Tage vor Ablauf des Haltbarkeitsdatums vernichtet, Milchüberschüsse weggekippt werden ...; wenn Abfälle, die wir nicht lagern wollen, in andere Länder geschafft werden ...«. So formuliert ein Schülertext aus der gymnasialen Oberstufe.
Das 21. Jahrhundert wird nach allgemeinem Urteil zum Jahrhundert der Globalisierung. Und weit verbreitet ist der Slogan: Dazu gibt es keine Alternative. Doch bei von Menschen gemachten Prozessen gibt es immer verschiedene Möglichkeiten. Zentral ist wohl die Frage, wie die Globalisierung denn gestaltet wird – ob sie zu mehr Gerechtigkeit oder zu größeren Ungleichheiten führt, wie dies oft der Fall zu sein scheint. Mit Reis oder Weizen etwa wird an Börsen spekuliert, die Preise explodieren, die Armen können sich das tägliche Brot nicht mehr leisten ...
Der Frage nach dem Wesen der Globalisierung (Kap. 19) muss also die Diskussion um ihre Gestaltung (Kap. 20) und das Engagement für eine gerechte Globalisierung (Kap. 21) folgen.

19. Das Millenium der Globalisierung

Hans-Peter Martin/Harald Schumann: Tittytainment

■ *Zu Beginn ihres Buches »Die Globalisierungsfalle« berichten die Journalisten Hans-Peter Martin und Harald Schumann (beide geb. 1957) über eine internationale Konferenz im Luxushotel Fairmont von San Francisco, auf der 500 führende Politiker, Wirtschaftsführer und Wissenschaftler den Weg ins 21. Jahrhundert unter dem Motto diskutierten: »Unterwegs zu einer neuen Zivilisation«:*

»Wie viele Angestellte brauchst du wirklich, John?« »Sechs, vielleicht acht«, antwortet Gage trocken. »Ohne sie wären wir aufgeschmissen. Dabei ist es völlig gleichgültig, wo auf der Erde sie wohnen.« Jetzt hakt der Diskussionsleiter, Professor Rustum Roy von der Pennsylvania State University, nach: »Und wie viele Leute arbeiten derzeit für Sun Systems?« Gage: »16000. Sie sind bis auf eine kleine Minderheit Rationalisierungsreserve.«
Kein Raunen geht da durch den Raum, den Anwesenden ist der Ausblick auf bislang ungeahnte Arbeitslosenheere eine Selbstverständlichkeit.
Die Zukunft verkürzen die Pragmatiker im Fairmont auf ein Zahlenpaar und einen Begriff: »20 zu 80« und »tittytainment«.
20 Prozent der arbeitsfähigen Bevölkerung würden im 21. Jahrhundert ausreichen, um die Weltwirtschaft in Schwung zu halten. »Tittytainment« ist eine Kombination von »entertainment« und »tits«, dem amerikanischen Slangwort für Busen. Man denkt dabei weniger an Sex als an die Milch, die aus der Brust einer stillenden Mutter strömt. Mit einer Mischung aus betäubender Unterhaltung und ausreichender Ernährung könne die frustrierte Bevölkerung der Welt schon bei Laune gehalten werden.

Hans-Peter Martin/Harald Schumann: Die Globalisierungsfalle. Der Angriff auf Demokratie und Wohlstand, Rowohlt Verlag Reinbek, 13. Aufl. 2007, S. 11–13 (Text gekürzt und leicht geglättet).

Die Millenniums-Ziele der Vereinten Nationen (UN)

Allgemeine Ziele sowie konkrete Ziele bis 2015:
1: *Beseitigung der extremen Armut und des Hungers* – ... den Anteil der Menschen halbieren, deren Einkommen weniger als 1 US-$ pro Tag beträgt / die Hunger leiden.
2: *Verwirklichung der allgemeinen Grundschulbildung* – ... sicherstellen, dass alle Jungen und Mädchen eine Grundschulbildung vollständig abschließen können.
3: *Gleichstellung der Geschlechter und Empowerment der Frauen* – das Geschlechtergefälle in der Grund- und Sekundarschulbildung beseitigen.
4: *Senkung der Kindersterblichkeit* – ... die Sterblichkeitsrate von Kindern unter fünf Jahren um zwei Drittel senken.
5: *Verbesserung der Gesundheit von Müttern* – ... die Müttersterblichkeitsrate um drei Viertel senken.
6: *Bekämpfung von HIV/AIDS, Malaria und anderen Krankheiten* – ... die Ausbreitung von HIV/Aids zum Stillstand bringen und eine Trendumkehr bewirken.
7: *Sicherung der ökologischen Nachhaltigkeit* – die Grundsätze nachhaltiger Entwicklung in einzelstaatliche Politiken und Programme überführen und dem Verlust von Umweltressourcen Einhalt gebieten.
8: *Aufbau einer globalen Entwicklungspartnerschaft* – ein offenes, regelgestütztes, berechenbares und nicht-diskriminierendes Handels- und Finanzsystem weiterentwickeln [und dabei den] besonderen Bedürfnissen der am wenigsten entwickelten Länder Rechnung tragen.

Zit. nach: Franz Nuscheler / Michèle Roth (Hrsg.): Die Millennium-Entwicklungsziele. Entwicklungspolitischer Königsweg oder ein Irrweg? Verlag J.H.W. Dietz Nachfolger GmbH, Bonn 2006, S. 242–247.

In der Welt des Überflusses ist Armut keine Tragödie, Armut ist heute ein Skandal! Globalisierung ist kein Schicksal, sondern ein von Menschen gewollter Prozess, der von Menschen auch gestaltet werden muss!

Eckhard Nagel, Präsident des 30. Evang. Kirchentages 2005

Eveline Herfkens: Die Milleniumsentwicklungsziele – Viele Zeichen der Hoffnung

■ *Eveline Herfkens, ehemalige niederländische Entwicklungsministerin, fragte als geschäftsführende Sonderbeauftragte der Kampagne der Vereinten Nationen für die Millenniumsentwicklungsziele nach den Realisierungschancen der Pläne: »Können wir wahre Fortschritte bei deren Verwirklichung erkennen oder hatten wir nur Halluzinationen?«*

Unglücklicherweise war der Fortschritt bisher enttäuschend. Im Jahr 2007, das die Halbzeit innerhalb der Umsetzungsperiode der Entwicklungsziele darstellt, sehen wir keinesfalls auch nur annähernd die Hälfte der Ziele verwirklicht. Das allgemeine Bild zeigt einen langsamen und nur bruchstückhaften Fortschritt. Es zeigt sich, dass wir bis 2015 nur einige der Ziele erreichen werden. Und selbst da, wo auf globaler Ebene der Erfolg sichergestellt ist, werden einige der ärmsten Länder und der besonders gefährdeten Menschen davon ausgeschlossen bleiben. […]
Trotzdem sollten wir die Hoffnung nicht aufgeben. Wenn auch das Gesamtbild nicht großartig aussieht, so gibt es doch viele Zeichen der Hoffnung. So können Mozambique und ein paar weitere schwarzafrikanische Staaten das Ziel, über die unterste Armutsgrenze hinauszukommen, erreichen, selbst wenn dies für das gesamte Schwarzafrika noch nicht gilt. Zehn schwarzafrikanische Länder – darunter Tansania – befinden sich auf dem Weg, bis 2015 das Ziel der allgemeinen Grundschulbildung zu erreichen. Und während sich HIV/Aids weiterhin ausbreitet, haben es einige Länder fertig gebracht, die Infektionsrate zu reduzieren.
Diese Erfolge zeigen, dass selbst die ärmsten Länder die Ziele erreichen können.

Eveline Herfkens: Die Millenniumsentwicklungsziele. In: Die Macht der Würde, Globalisierung neu denken, hrsg. von Ch. Quarch u. a., Gütersloh 2007, S. 177–189, Zit. S. 181f. © Gütersloher Verlagshaus in der Verlagsgruppe Random House, München.

Chérie Samba: Étonnement porticus 2.

Atlas der Globalisierung: Milleniumsziele – Die schädliche Illusion

■ *Der »Atlas der Globalisierung« mit aktuellen Berichten und Tabellen zu Fragen der weltweiten Gerechtigkeit auf wirtschaftlichem, politischem und kulturellem Gebiet wird alljährlich von der französischen Monatszeitung für internationale Politik »Le Monde diplomatique« herausgegeben. Er nahm zu den Realisierungschancen der Milleniumsentwicklungsziele folgendermaßen Stellung:*

Andernorts, insbesondere in Afrika, ist der Kampf bereits verloren: »Bei Beibehaltung des aktuellen Tempos kann Sub-Sahara-Afrika das Ziel einer universellen Beschulung im Bereich der Primarbildung erst 2129 erreichen. Die Senkung der Kindersterblichkeit um zwei Drittel wird erst 2106, also in einhundert Jahren, statt in den angestrebten elf Jahren festzustellen sein. Bei drei weiteren Zielen – Hunger, Armut und Trinkwasserversorgung – lässt sich nicht einmal ein Datum festlegen, denn die Lage in der Region verbessert sich nicht nur nicht, sondern sie verschlechtert sich.«
Überraschender noch ist die Tatsache, dass die Millenniumsziele den betroffenen Ländern keine Wahl lassen, welche Maßnahmen sie zu ergreifen haben: Vorgeschrieben sind »Bemühungen um die Einführung eines offenen, multilateralen, verlässlich geregelten und nicht diskriminierenden Handels- und Finanzsystems«. […]
Die Millenniumsziele sind damit Teil der neoliberalen Versuche, die Ökonomien für die transnationalen Unternehmen und das internationale Kapital zu öffnen.
Es geht also nur um Kosmetik oder um die Bekämpfung von Symptomen, die ein Wirtschaftssystem erzeugt hat, das strukturell Armut schafft.

Atlas der Globalisierung. Die neuen Daten und Fakten zur Lage der Welt, hrsg. von Alain Gresh u.a., Red. der dt. Ausg.: Dietmar Bartz u.a., Le Monde diplomatique / taz Verlags- u. Vertriebs-GmbH, Berlin u.a. 2006, S. 105.

20. Globalisierung in der Diskussion

Fredmund Malik: Globalisierung

Globalisierung bedeutet vorläufig meines Erachtens dreierlei: Erstens, dass jede einzelne Stufe des Wirtschaftens – von der Entwicklung über die Beschaffung bis zum Verkauf – vom Grundsatz her an jedem Ort der Welt möglich ist.
Zweitens, dass man durch nationale Grenzen nicht mehr wirksam vor Konkurrenz geschützt werden kann.
Drittens, dass man global beobachten muss, um nicht überrascht zu werden, was aber nicht bedeutet, dass man global handeln muss.

Fredmund Malik, Gefährliche Managementwörter und warum man sie vermeiden sollte, Campus-Verlag Frankfurt a. M. 2007, S. 21–25 (gekürzt und leicht geglättet).

Christoph Görg: Globalisierung

Den politischen Charakter des Begriffes Globalisierung verdeckt die alltagssprachliche Verwendung des Begriffs. Sie suggeriert [redet ein], Globalisierung vollziehe sich als ein unaufhaltsam wirkender Zwang, dem sich niemand zu entziehen vermag, und unterschlägt damit, dass hier Interessen bestimmter Akteure, unter anderem der global player, durchgesetzt werden, die denen anderer entgegenstehen, dass Globalisierung politisch gewollt und durchgesetzt wird und daher auch verändert werden kann.

Christoph Görg: Art. Globalisierung, in: Ulrich Bröckling u.a. (Hrsg.), Glossar der Gegenwart, Suhrkamp Verlag, Frankfurt a. M., 3. Aufl. 2006, S. 105–110, hier: S. 107f.

Atlas der Globalisierung: Ungleichheit

Die Ungleichheit zwischen den Ländern der Welt wird durch den Vergleich der Durchschnittsindikatoren berechnet, z. B. an Hand des Bruttoinlandsprodukts pro Kopf nach Kaufkraftparität [-gleichheit]. Studien aus den 1970er- und 1980er-Jahren kommen zu dem eindeutigen Schluss, dass die Ungleichheit zwischen den Ländern zugenommen hat, und zwar dank der günstigen Handelsbedingungen für die reichsten Nationen. [...]
Die Ungleichheit innerhalb der einzelnen Länder konnte nach dem Zweiten Weltkrieg bis in die 1970er-Jahre hinein abgebaut werden. Danach kehrte sich der Trend um, und zwar sowohl in den Industriestaaten als auch in den Entwicklungsländern einschließlich Chinas, wo der in absoluten Zahlen gemessene Rückgang der Armut mit einem sehr ungleich verteilten Wachstum einhergeht.

Aus dem Atlas der Globalisierung von 2006 (siehe Seite 59), S. 44f.

Die vier apokalyptischen Reiter der Unterentwicklung heißen Hunger, Durst, Seuche und Krieg. Sie zerstören jedes Jahr mehr Männer, Frauen und Kinder, als es das Gemetzel des Zweiten Weltkriegs in sechs Jahren getan hat. Für die Menschen der Dritten Welt ist der »Dritte Weltkrieg« in vollem Gang.

Der Schweizer Soziologe und Politiker Jean Ziegler

Peter Koller: Eine mittlere Position

■ *Peter Koller, geb. 1947, Jurist und Philosoph, Professor an der Universität Graz, befasst sich vor allem mit der Frage der weltweiten politischen Gerechtigkeit.*

Dass die weltweit wachsenden wirtschaftlichen Ungleichheiten und die damit verbundene globale Armut in einem engen kausalen Zusammenhang mit der spezifischen Verlaufsform der ökonomischen Globalisierung stehen, ist zwar nicht unbestritten, aber doch kaum zu übersehen.
Der gegenwärtig weit verbreitete Neoliberalismus propagiert einen globalen Kapitalismus, eine freie Marktwirtschaft ohne Grenzen. Die daraus entstehende globale Marktwirtschaft werde allen Nationen größtmögliche Vorteile bringen und die Probleme der Ungleichheit und Armut mit der Zeit von selbst lösen, da die ärmeren Länder ihre ökonomische Lage infolge ihrer Wettbewerbsvorteile in arbeitsintensiven Wirtschaftssektoren zunehmend verbessern könnten.
Dem globalen Kapitalismus steht am anderen Ende der Skala die Idee eines globalen Sozialstaats gegenüber, der die Erfüllung der fundamentalen sozialen Menschenrechte überall auf der Welt garantiert, indem er für eine ausreichende Existenzsicherung aller Menschen Sorge trägt.
Die meisten Experten des Völkerrechts und der internationalen Politik vertreten eine mittlere Position zwischen den Extrempositionen, die im Fachjargon als ›Global Governance‹ der Weltwirtschaft bezeichnet wird. Dieser Begriff meint ein koordiniertes Zusammenwirken einer Vielzahl relativ selbständiger inter- und supranationaler Organisationen, Institutionen und Entscheidungsforen, die auf globaler oder regionaler Ebene an der Regelung der weltwirtschaftlichen Prozesse mitwirken und auf deren künftige Entwicklung mehr oder weniger Einfluss nehmen können.

Peter Koller: Ökonomische Verteilungsgerechtigkeit, in: Claus Langbehn (Hrsg.), Recht, Gerechtigkeit und Freiheit. Aufsätze zur politischen Philosophie der Gegenwart, Mentis Verlag Paderborn 2006, S. 79–110, Zit. S. 107–110 (gekürzt).

There is no alternative (abgekürzt: TINA).

Motto der ehemaligen britischen Premierministerin Thatcher

Eine andere Welt ist möglich.

Gegenmotto von Globalisierungskritikern, u.a. von attac

Moke: Pas de chance. © Museum für Völkerkunde Hamburg.

John Maynard Keynes: Maßnahmen der gesellschaftlichen Steuerung

■ *Der britische Wirtschaftswissenschaftler und Diplomat John Maynard Keynes (1883–1946), einer der einflussreichsten Ökonomen des 20. Jahrhunderts, begründete mit seinem Hauptwerk »Die allgemeine Theorie der Beschäftigung, des Zinses und des Geldes« (1936) eine eigene Richtung der Volkswirtschaftslehre, den »Keynesianismus«. Dieser schreibt dem Staat eine wichtige Rolle zur Regulierung der Wirtschaft und Herstellung von sozialer Gerechtigkeit zu.*

Ungleichheiten von Einkommen und Reichtum

Die hervorstechenden Fehler der Wirtschaftsgesellschaft, in der wir leben, sind ihr Versagen, für Vollbeschäftigung Vorkehrung zu treffen, und ihre willkürliche und unbillige Verteilung des Reichtums und der Einkommen.

Seit dem Ende des neunzehnten Jahrhunderts sind, besonders in Großbritannien, durch das Mittel direkter Besteuerung – Einkommensteuer, Steuerzuschlag und Erbschaftsteuer – signifikante [bedeutsame] Fortschritte auf dem Wege der Beseitigung großer Ungleichheiten von Reichtum und Einkommen gemacht worden. Viele würden es gerne sehen, wenn dieser Vorgang viel weiter geführt werden würde, aber sie werden von zwei Erwägungen zurückgehalten: einmal durch die Furcht, geschickte Steuerhinterziehungen allzu lohnend zu machen und außerdem die Bereitschaft zur Übernahme von Risiken ungebührlich zu vermindern.

Ich selber glaube, dass bedeutsame Ungleichheiten von Einkommen und Reichtum gesellschaftlich und psychologisch gerechtfertigt sind, aber nicht so große Ungleichheiten, wie sie heute bestehen. […]

Steuerungsmittel des Staates

Wir könnten somit in der Wirklichkeit (und es liegt hierin nichts Unerreichbares) auf eine Vermehrung der Menge des Kapitals zielen, bis es aufhört knapp zu sein […].

Der Staat wird [ferner] einen leitenden Einfluss auf die Konsumneigung teilweise durch sein System der Besteuerung, teilweise durch die Festlegung des Zinssatzes und teilweise vielleicht durch andere Wege ausüben müssen. Ich denke mir [auch], dass eine ziemlich umfassende gesellschaftliche Steuerung der Investitionen sich als Mittel zur Erreichung einer Annäherung an Vollbeschäftigung erweisen wird; obschon dies nicht alle Arten von Zwischenlösungen und Verfahren ausschließen muss, durch welche die staatliche Verwaltung mit der privaten Initiative zusammenarbeiten wird. Aber darüber hinaus wird keine offensichtliche Begründung für ein System des Staatssozialismus vorgebracht, das den größten Teil des wirtschaftlichen Lebens des Gemeinwesens umfassen würde. Es ist nicht der Besitz der Produktionsgüter, deren Aneignung wichtig für den Staat ist. Die notwendigen Maßnahmen der gesellschaftlichen Steuerung können überdies allmählich und ohne einen Bruch in den allgemeinen Traditionen der Gesellschaft eingeführt werden.

John Maynard Keynes: Allgemeine Theorie der Beschäftigung, der Zinsen und des Geldes, übers. v. F. Waeger, Duncker & Humblot Berlin, 10. verbesserte Aufl. 2006, S. 314f.; 317–319 (gekürzt).

Milton Friedman: Kapitalismus und Freiheit

■ *Der US-amerikanische Wirtschaftswissenschaftler Milton Friedman (1912–2006) erhielt 1976 den Wirtschafts-Nobelpreis und gilt neben Keynes als einflussreichster Ökonom des 20. Jahrhunderts. Sein Werk »Kapitalismus und Freiheit« (1962), aus dem der folgende Textabschnitt stammt, ist zu einem bis heute vielfach aufgelegten Klassiker einer (neo-)liberalen Ökonomie geworden.*

Steigerung der wirtschaftlichen Freiheit

Heute geht die allgemeine Entwicklung dahin, dass man den Märkten eine größere und dem Staat eine kleinere Rolle einräumt. Diese Tendenz lässt sich in den meisten westlichen Industrieländern nachweisen.

In all diesen Fällen hat – so wie auch die These dieses Buches lautet – eine Steigerung der wirtschaftlichen Freiheit zu Steigerungen der bürgerlichen und politischen Freiheiten sowie einem höheren Wachstum geführt. Wettbewerbsorientierter Kapitalismus und Freiheit haben sich als untrennbar miteinander verbunden erwiesen.

Der Spielraum der Regierung muss beschränkt sein. Ihre Aufgabe muss es sein, unsere Freiheit zu schützen, insoweit sie von außerhalb bedroht ist und insoweit sie unsere Mitbürger verletzen könnten: also für Gesetz und Ordnung zu sorgen, die Einhaltung privater Verträge zu überwachen, für Wettbewerb auf den Märkten zu sorgen.

Tatsachen der Einkommensverteilung

Eine auffallende Tatsache ist, dass – entgegen einer weit verbreiteten Meinung – der Kapitalismus weniger Ungleichheit hervorbringt als alternative Systeme und dass die Entwicklung des Kapitalismus das Ausmaß der Ungleichheit stark verringert hat. Räumliche und zeitliche Vergleiche bestätigen gleichermaßen diese Feststellung. Es gibt sicherlich entschieden weniger Ungleichheit in westlichen kapitalistischen Gesellschaften wie den skandinavischen Ländern, Frankreich, Großbritannien und den Vereinigten Staaten als in einer Statusgesellschaft wie in Indien oder in einem rückständigen Land wie Ägypten.

Auch zeitlich gesehen wurde der wirtschaftliche Fortschritt in den kapitalistischen Gesellschaften von einer drastischen Verminderung der Ungleichheit begleitet.

Die Haupteigenschaft des Fortschritts und der Entwicklungen während der letzten hundert Jahre war die Befreiung der Massen von anstrengender Mühsal und die Tatsache, dass sie Zugang zu Produkten und Dienstleistungen bekamen, die vormals das Monopol der Oberschicht waren, ohne dabei die den Wohlhabenden zur Verfügung stehenden Produkte und Dienstleistungen auch nur annähernd entsprechend zu vermehren.

Es ist schwierig, detaillierte statistische Analysen als Beweis dieses Phänomens in der Form sinnvoller und vergleichbarer Schemata der Einkommensverteilung zu bekommen […].

Milton Friedman: Kapitalismus und Freiheit, aus dem Amerikanischen von Paul C. Martin, Piper Verlag München, Ungekürzte Taschenbuchausgabe, 4. Aufl. 2007, S. 16f., 25 (1. Teil), 201–203 (2. Teil) (stark gekürzt).

Diego Rivera: Landung der Spanier 1519 (Ausschnitt). © Banco de México Diego & Frida Kahlo Museums Trust/VG Bild-Kunst, Bonn 2008. Foto: akg-images, Berlin.

Iris Marion Young: Fünf Formen der Unterdrückung

■ *Iris Marion Young (1949–2006), Professorin für Politikwissenschaft an der University of Chicago, veröffentlichte weltweit beachtete Beiträge u.a. zur Gerechtigkeitstheorie.*

In diesem Beitrag plädiere ich für eine überzeugende Konzeption von Gerechtigkeit. Gerechtigkeit sollte nicht nur die Verteilung betreffen, sondern sich auch auf die für die Entwicklung und Ausübung individueller Fähigkeiten sowie die für die kollektive Kommunikation und Kooperation notwendigen institutionellen Bedingungen beziehen.

Ausbeutung – Die Ungerechtigkeit der Ausbeutung offenbart sich in der Art, in der gesellschaftliche Institutionen es einigen wenigen ermöglichen, Reichtum anzuhäufen, während sie viele andere unter Zwang halten.

Marginalisierung – Marginal [an d. Rand gedrängt] sind solche Personen, die das Arbeitssystem nicht brauchen kann oder will.

Machtlosigkeit – In den Vereinigten Staaten wie auch in anderen entwickelten kapitalistischen Ländern sind die meisten Arbeitsplätze nicht demokratisch organisiert; direkte Partizipation an den Entscheidungen über öffentliche Maßnahmen ist selten. Die Durchsetzung dieser Maßnahmen erfolgt meist auf hierarchische Weise.

Kulturimperialismus – Kulturimperialismus bedeutet, dass die Erfahrungen und die Kultur der herrschenden Gruppe universalisiert und zur Norm gemacht werden.

Gewalt – Schließlich leiden viele Gruppen unter der Unterdrückung durch systematische Gewalt. In der amerikanischen Gesellschaft müssen vor allem Frauen, Schwarze, Asiaten, Araber, schwule Männer und Lesbierinnen mit solchen Gewaltandrohungen leben.

Iris Marion Young: Fünf Formen der Unterdrückung, in: Christoph Horn/ Nico Scarano (Hrsg.): Philosophie der Gerechtigkeit. Texte von der Antike bis zur Gegenwart, Suhrkamp Verlag, Frankfurt a. M. 2002, S. 428–445 (stark gekürzt).

Norbert Bolz: Unser Paradies: Privatweg. No Trespassing

■ *Zum Medienwissenschaftler Norbert Bolz (geb. 1953) siehe auch Seite 77.*

Das Paradies ist das Bild von der guten Schöpfung; die Vertreibung daraus soll uns klar machen, dass wir auf Erlösung angewiesen sind. [...]
Luxus muss den Charakter eines positional good haben. Um das zu verstehen, muss man sich klar machen, dass, erstens, der Index des Wohlbefindens immer subjektiv und zweitens, der inhärente [ihnen innewohnende] Wert der wichtigsten Güter immer ungewiss ist. Was ist der wahre Wert eines kleinen, hässlichen Häuschens, das man sich in Mallorca gekauft hat? Lässt er sich am Grundstückspreis oder an der Bausubstanz ablesen? Oder zählt nicht viel mehr, dass man zu den Hausbesitzern in Mallorca gehört?
Der Wert eines *positional good* steht ja in direktem Verhältnis zur Beschränkung des Zugangs zu ihm. Man genießt das, wozu die Vielen keinen Zugang haben; man kauft sich sozialen Abstand. Und wenn man *positional goods* für die Massen zugänglich macht, zerstört man sie. Die Paradiese der Welt existieren nur, weil sie selten und immer schwer zugänglich sind. Mit anderen Worten: Der Wert eines Paradieses bemisst sich danach, inwieweit es die anderen ausschließt.
Das konkrete Paradies heute muss also ein positional good sein. Damals hat Gott die Menschen aus dem Paradies vertrieben. Heute vertreiben wir die anderen Menschen aus unserem Paradies: Privatweg. No Trespassing.

Norbert Bolz: Die Religionen des 21. Jahrhunderts, in: Heinz Schmidt (Hrsg.), Ökonomie und Religion. Fatal Attraction – Fortunate Correction, Heidelberg 2006, S. 140ff., Zit. S. 145ff. (gekürzt).

Weltbank: Die Ökonomie der Ungleichheit

	»Der Arme«*	»Der Reiche«*	Verhältnis
Kaufkraft pro Jahr ($)	1 990	27 450	1 : 13,8
Normal-einkommen pro Jahr (US-Dollar)	420	27 510	1 : 65,5
Lebenserwartung (Jahre)	59	78	1 : 1,3
Nominelles Lebenseinkommen	24 780	2 145 780	1 : 86,5

Aus dem Weltentwicklungsbericht der Weltbank 2002 (S. 273).
**Die Zahlen entsprechen den Durchschnittswerten der Länder mit niedrigem und hohem Einkommen, hinter denen sich noch weitere Ungleichheiten verbergen.*

A global human society based on poverty for many and prosperity for few corresponding islands of wealth surrounded by a sea of poverty is unsustainable.
Der südafrikanische Präsident Thabo Mbeki im Jahr 2002 bei der Eröffnung des Weltgipfels zur nachhaltigen Entwicklung (sustainable development)

Dorothee Sölle: Jeder Bauer hat nur eine Niere, die er verkaufen kann ...

■ *Die Theologin und Schriftstellerin Dorothee Sölle (1929–2003) Gastprofessorin in New York und Privatdozentin in Hamburg, vertrat eine politisch und feministisch engagierte Theologie und ist weltweit als eine der bedeutendsten Theologinnen des 20. Jahrhunderts anerkannt.*

Die christlichen Kirchen haben gemeinsam ein Programm entwickelt, das drei Grundpfeiler hat: Frieden, Gerechtigkeit und die Bewahrung der Schöpfung. Das ist das Wichtigste. Ich habe eine interessante Debatte darüber erlebt. Ich war wie viele Millionen in Deutschland in den achtziger Jahren sehr bewegt von dem Ruf: »Nie wieder Krieg!« Frieden, fand ich, sei das wichtigste politische Ziel. Aber die Partner in den Elendsländern widersprachen uns in den ökumenischen Versammlungen. Sie erklärten uns: »Gerechtigkeit geht vor! Ohne wirtschaftliche Ordnung des Gemeinwesens kann es nie und nimmer Frieden geben.« Die wirtschaftliche Ungerechtigkeit ist der Boden, auf dem Angst, Feindschaft und Gewalt wachsen. Die so genannten ethnischen Konflikte wachsen mit der Verelendung.
Der katholische Bischof von Detroit, USA, Thomas Dumbledon, einer der wichtigsten Stimmen des anderen Amerika, das es auch noch gibt – er wohnt äußerst bescheiden in einem Arme-Leute-Quartier dieser krisengebeutelten Autoindustriemetropole, er arbeitet mit Flüchtlingen und Einwanderern, mit Arbeitslosen oder denen, die zwei oder drei Billiglohnjobs haben – nach dem 11. September hat er gesagt, der Terrorismus sei schon lange zuvor weltweit präsent gewesen. Die dafür Verantwortlichen seien die G7 [sieben führende Industrieländer] unter der Leitung der USA. Diese Minderheit umfasst ein Fünftel der heutigen Menschheit, doch sie beansprucht nahezu neun Zehntel des gesamten Welteinkommens. Der Bischof sagte: »Die USA verstehen nicht, was sich in der Welt von heute abspielt und sie verdrängen die wahren Kosten ihrer ökonomischen Macht.«
Gerechtigkeit ist die Grundlage des Friedens. Aber gerade dieses einfache Überleben der Mehrheit ist heute durch die ›Globalisierung von oben‹ in Frage gestellt. Ich habe von zwei Bauern in einem südindischen Dorf gehört, die bis zum letzten Jahr ihre gepachteten Felder noch bestellt haben. Jetzt haben sie keine Kraft und kein Geld mehr dazu. Keine Kraft mehr, weil sie wie 23 andere Bauern – hoch verschuldete Bauern – aus ihrem Dorf ihre Nieren verkauft haben. Mit dem Geld wollten sie Schulden für Saatgut, Pestizide und Dünger bezahlen. Doch die 2000 Mark für eine Menschenniere haben nicht gereicht. Diese Bauern sagten dazu: »Jeder Bauer hat nur eine Niere, die er verkaufen kann ...«

Gerechtigkeit ist einer der Namen Gottes, den viele loswerden wollen.
Dorothee Sölle

Rainer Unruh: Das billige Hemd

■ *Rainer Unruh, geb. 1961, ist Philosoph und Autor und lebt in Hamburg.*

»*SONDERAKTION!*« annonciert das Schild an der Supermarktkasse, »Zwei Stück nur 6,99 Euro!« Im Grabbelkorb türmen sich T-Shirts, weiß, jeweils im Doppelpack, made in China, unschlagbar billig.
Alle Philosophie, sagt Platon, beginnt mit einem Staunen, und der *Philosoph*, halb schon zum Zugreifen verführt, wundert sich: Wie kann ein Kleidungsstück, für das jemand die Baumwolle geerntet hat, das eine Näherin nähte, und das Tausende von Kilometern transportiert worden ist, billiger sein als eine Kinokarte? Und dann mischt sich in die Verwunderung über die Preis-Rätsel der Weltwirtschaft erst zaghaft und dann immer mächtiger ein beunruhigendes Gefühl.
Was stand da vor zwei Tagen in einer Zeitung? In einer Fabrik in Shenzhen schuften Teenager in Zwölf-Stunden-Schichten, um Werbeartikel für die Olympischen Spiele 2008 in China zu nähen. Der Philosoph zieht die Hand zurück, er kauft nicht, er tut erst einmal das, was er gelernt hat: Er denkt nach. Darf ich zugreifen und zu meinem Vorteil sparen? Oder mache ich mich damit in diesem Moment an der Kasse eines Discounters schuldig, weil ich mit meinem Kauf zur Stabilisierung menschenunwürdiger Verhältnisse beitrage? Wie kann ich mich überhaupt »gerecht« verhalten in einer globalisierten Ökonomie? –
Einspruch!, ruft der robuste *Realist*, der ebenfalls im Kopfe des Philosophen wohnt. Bevor du beginnst, dich auf der Suche nach einer Antwort durch die Geschichte der philosophischen Gerechtigkeitsbetrachtungen zu wühlen – denke an Folgendes: Die Näherinnen in China wollen Arbeit haben, vermutlich hat sie keiner gezwungen, aus ihren Dörfern in die Industriestädte, Fabriken und Wohnheime zu wandern. Sie nehmen diese Bedingungen in Kauf, vielleicht weil sie in ihrer Heimat kein Auskommen finden, wahrscheinlich, weil sie ihren Kindern eine Ausbildung bezahlen wollen. –
Diese Haltung ist zu schlicht, schilt der *Ethiker* den Realisten, mit dem er sich den Philosophenkopf teilt; denn damit wäre eine unappetitliche Jagd-Mentalität legitimiert, die alles billigt, was nur dem eigenen Vorteil dient. –
Ja, bedauerlich, theoretisch sehr bedauerlich! Schnarrt jetzt auch noch der *Zyniker* im Hinterkopf des Denkers: Wäre die Lage der chinesischen Näherinnen noch schlimmer, als sie ist, dann wäre sie für dich als Ethiker einfacher. Denn würden die Schneiderinnen mit roher Gewalt an die Maschinen gezwungen, könntest du gar nicht anders, als diese T-Shirts liegen zu lassen.

GEO 10/2007, S. 230 (leicht gekürzt).

Martin Kippenberger: Ohne Titel, 1983. Aus der 5-teiligen Serie Fliegender Tanga. © Nachlass Martin Kippenberger.

21. Engagement für eine gerechte Globalisierung

EZLN: Demokratie! Freiheit! Gerechtigkeit!

■ *Seit Jahren kämpft die Zapatistische Armee der Nationalen Befreiung (Ejército Zapatista de Liberación Nacional, EZLN) im Urwald von Chiapas (Mexiko) unter ihrem geheimnisumwitterten Anführer Subcomandante Insurgente Marcos gegen die Ausbeutung und Unterdrückung der indigenen [ursprünglichen] Völker. Zum Jahreswechsel 2003/04 veröffentlichte sie folgende Neujahrsbotschaft:*

Wir, die indigenen Völker von Chiapas, von Mexiko und der Welt, müssen unsere Rechte und unsere Freiheit ausschließlich in die eigenen Hände nehmen, um unsere Autonomie aufzubauen und zu stärken. Es gibt keinen Grund, davor Angst zu haben, denn wir sind durch die nationalen und internationalen Abkommen und Gesetze geschützt.
Wir grüßen und bedanken uns für die Unterstützung und die Solidarität vieler tausender Brüder und Schwestern der nationalen und internationalen Zivilgesellschaft, denn dadurch konnten wir die zehn Jahre des Krieges überleben und Widerstand leisten.
Aus diesem Grund bitten wir Euch, soweit Ihr könnt, mit der Unterstützung weiterzumachen. Aber wir bitten Euch vor allem, Euch zu organisieren und in Euren eigenen Gemeinden und Ländern gegen unseren gemeinsamen Feind zu kämpfen, das Projekt und die Pläne des Neoliberalismus.
Gegen diesen Feind muss unermüdlich gekämpft werden, denn er hinterlässt viele Millionen Brüder und Schwestern der ganzen Welt in Elend und Vergessen.
Das ist unser Wort.
Demokratie! Freiheit! Gerechtigkeit!

Zit. nach: Subcomandante Marcos: Botschaften aus dem lakandonischen Urwald, Edition Nautilus, Verlag Lutz Schulenburg, Hamburg 2005, S. 262f.

Mapuche – Erklärung der Rechte der indigenen Völker

■ *In Chile kämpft die indigene Bevölkerung der Mapuche seit Jahren mit gewaltlosen Mitteln um ihre angestammten Rechte und Gebiete, die ihnen von Konzernen und Großgrundbesitzern streitig gemacht werden. Die zentrale Organisation »Rat aller Erden« (Consejo de Todas las Tierras) mit Hauptsitz in Temuco berichtet über Aktivitäten im Jahr 2006:*

Auf internationalem Gebiet legten wir den Schwerpunkt unserer Arbeit auf die Debatten der Vollversammlung der Vereinten Nationen zum Projekt einer Erklärung der Rechte der indigenen Völker. Dieses Vorhaben hat eine ganz besondere Bedeutung, weil es ein Instrument der Menschrechte ist, das die kollektiven Rechte der indigenen Gemeinschaften auf der Welt anerkennt.
Die Aktionen in Chile bestandenen darin, Petitionen an die chilenische Regierung einzureichen mit der Bitte, die Erklärung der Rechte der indigenen Völker zu unterstützen als eine konkrete Möglichkeit, die rechtliche Situation der indigenen Völker zu verbessern.
Im selben Sinn bat man die Delegation von Parlamentariern der Europäischen Union, die im Oktober 2006 Chile besuchten, die offizielle Verabschiedung und Inkraftsetzung dieser Bemühungen zu unterstützen.

Aus einem Schreiben des Rats aller Erden (Consejo de Todas Las Tierras, Temuco) vom 12. Februar 2007, übers. von V.-J. Dieterich.

Attac: Eine solidarische Weltordnung

■ *Ende des 20. Jahrhunderts engagierte sich in Frankreich eine Organisation namens Attac für die Einführung einer weltweiten Spekulationssteuer (daher der Name Attac = Association pour une Taxation des Transactions Financières pour l'aide aux Citoyens / Vereinigung zur Besteuerung der Finanzaktionen zum Nutzen der Bürger). Sehr rasch weitete sich das Anliegen zu einer engagierten europäischen und weltweiten Bewegung für eine gerechte Globalisierung aus.*

Für eine solidarische Weltwirtschaftsordnung
Zur neoliberalen Globalisierung gab und gibt es wirtschafts- und gesellschaftspolitische Alternativen. Wir setzen uns ein für eine ökologische und solidarische Weltwirtschaftsordnung.

- Attac will als Teil der außerparlamentarischen Bewegung einen Beitrag für eine umfassende Demokratisierung der Gesellschaft leisten.
- Attac streitet für eine neue Weltwirtschaftsordnung, in der der Reichtum der Welt gerecht verteilt und ökologisch genutzt wird.
- Attac ist Bestandteil der Antikriegs- und Friedensbewegung, denn eine gerechte Welt ist ohne Frieden nicht möglich.

Nehmen wir gemeinsam die Zukunft unserer Welt in die Hand!

Wer ist, was will Attac?
Attac und andere Gruppen werden gerne als ›Globalisierungsgegner‹ disqualifiziert. Tatsächlich sind sie Kritiker einer Globalisierung, die weltweit das Recht des Stärkeren durchsetzt. Dagegen setzen sie ihre Forderung einer Demokratisierung der globalen Institutionen, von denen die Regeln für das Zusammenwachsen der Menschheit geschrieben werden. Oder, in den Worten des französischen Attac-Präsidenten Bernard Cassen: ›Es geht um nichts weniger, als unsere Zukunft wieder selbst in die Hand zu nehmen.‹

Aus einer Attac-Erklärung vom Mai 2002 (www.attac.de/ueber-attac/was-ist-attac/attac-erklaerung/erklaerung.php) – 1. Abschnitt.
Christiane Grefe / Matthias Greffrath / Harald Schumann: attac. Was wollen die Globalisierungskritiker?, Rowohlt Berlin Verlag GmbH, Berlin, 3., aktualisierte Aufl. 2002, S. 17 (leicht gekürzt und geglättet) – 2. Abschnitt.

Dorothea Lange: Dust bowl farm, 1938 (Farm in Texas während der Dürrezeit).

Alex Callinicos:
Das System auf revolutionärem Weg herausfordern

■ *Der 1950 geborene Politikwissenschaftler Alexander Theodore Callinicos, Professor am King´s College in London, veröffentlichte – im Anklang an das kommunistische Manifest von Marx und Engels (siehe Seite 23) – ein »Anti-Kapitalistisches Manifest«, in dem er das kapitalistische Wirtschaftssystem für die wichtigsten weltweiten Probleme verantwortlich macht:*

Die wichtigsten Probleme, vor denen die Menschheit steht – Armut, soziale Ungerechtigkeit, ökonomische Instabilität, Umweltzerstörung und Krieg –, haben ein und dieselbe Quelle: das kapitalistische System. Dafür kann es nur eine radikale Lösung geben. [...]
Die ideologische Heterogenität der antikapitalistischen Bewegung hat sich in einer Reihe von Spannungen und Auseinandersetzungen Ausdruck verschafft, denen das alte Problem, sich für Reform oder Revolution zu entscheiden, zugrunde liegt. Ein Rahmen muss entwickelt werden, in dem diese Differenzen offen gelegt und diskutiert werden können, ohne die Einheit der Bewegung zu gefährden. [...]
Die der Kapitalismuskritik der globalen Bewegung zugrunde liegenden Werte sind Gerechtigkeit, Effizienz, Demokratie und Nachhaltigkeit.
Diese Werte sind mit einer Marktwirtschaft, also mit einem sich selbst regulierenden Marktsystem, nicht vereinbar.
Eine demokratisch geplante sozialistische Wirtschaft – vielleicht entsprechend einem Modell der ausgehandelten Kooperation – bietet die größte Hoffnung, die Werte der antikapitalistischen Bewegung zu verwirklichen.
Der Kampf um solche Veränderungen riefe aller Wahrscheinlichkeit nach einen solchen Widerstand des Kapitals hervor, dass die Bewegung vor der Wahl stünde, entweder ihre bestehenden Errungenschaften aufzugeben oder aber das gegenwärtige System auf revolutionärem Weg herauszufordern.

Alex Callinicos: Ein Anti-Kapitalistisches Manifest, übers. von David Paenson, VSA-Verlag, Hamburg 2003, S. 75; 113; 151.

Fair Trade

Fairer Handel ist eine Handelspartnerschaft, die auf Dialog, Transparenz und Respekt beruht und nach mehr Gerechtigkeit im internationalen Handel strebt. Durch bessere Handelsbedingungen und die Sicherung sozialer Rechte für benachteiligte Produzentinnen und Produzenten, Arbeiter und Arbeiterinnen – insbesondere in den Ländern des Südens – leistet der faire Handel einen Beitrag zu nachhaltiger Entwicklung. Fairhandelsorganisationen (die von Verbrauchern unterstützt werden) sind aktiv damit beschäftigt, die Hersteller zu unterstützen, das Bewusstsein zu steigern und für Veränderungen bei den Regeln und dem Ausüben des konventionellen internationalen Handels zu kämpfen. Die Absicht des fairen Handels besteht aus folgenden Punkten:

- Gezielt mit Herstellern und Arbeitern zusammenarbeiten, die an den Rand gedrängt wurden, um sie von einer sehr schwachen Position zu Sicherheit und Autarkie zu bewegen
- Hersteller und Arbeiter als Teilhaber innerhalb ihrer eigenen Organisationen stärken
- sich aktiv darum zu bemühen, eine größere Rolle in der globalen Arena zu spielen, um mehr Gerechtigkeit im internationalen Handel zu erreichen.

Quelle: www.wikipedia.de (Stand: 19. Feb. 2008)

Die Grameen-Bank gibt den armen Familien Kredite, ohne klassische Sicherheiten dafür zu verlangen. Sie gibt Existenzgründungskredite, Baudarlehen, Studienkredite und Kredite für Kleinstunternehmen. Die Rückzahlungsrate liegt bei 99 Prozent [...].
Ich bin felsenfest davon überzeugt, dass wir eine Welt frei von Armut schaffen können.

Muhammad Yunus, Bangladescher Wirtschaftswissenschaftler und Begründer der »Grameen Bank« [d.h. Dorfbank], die Mikrokredite für Arme bereitstellt, in seiner Rede zu Verleihung des Friedensnobelpreises 2006

Evangelische Kirche in Deutschland (EKD): Gerechte Teilhabe

■ *Zur Denkschrift »Gerechte Teilhabe« des Rates der Evangelischen Kirche in Deutschland (EKD) aus dem Jahr 2006 siehe Seite 48.*

Weltweit faire Chancen eröffnen! Der Reichtum Deutschlands stellt auch international eine Verpflichtung dar. Unser Land muss deutlicher als bisher Beiträge zur Gestaltung der weltweiten Entwicklungspartnerschaft zwischen reichen und armen Ländern leisten. Dazu gehört eine Steigerung der Ausgaben für Entwicklungszusammenarbeit. Der Welthandel und das internationale Finanzsystem müssen so gestaltet sein, dass die Menschenrechte sowie ökologische Standards verwirklicht werden können. Ein faires Regelsystem für die Weltwirtschaft ist nötig.

Kirchenamt der EKD (Hrsg.): Gerechte Teilhabe (2006; s. S. 48), S. 85.

Jochen Gerlach: Die Kraft der Utopie

■ *Jochen Gerlach, geb. 1963, Pfarrer und Lehrbeauftragter an der Ev. Fachhochschule in Darmstadt, versucht, die biblischen Bestimmungen zum Erlass- (=Sabbat-) und Jobeljahr auf die Gegenwart zu übertragen (siehe dazu auch den Text von F. Segbers, Seite 11).*

Im Alten und Neuen Testament meint Gerechtigkeit Gemeinschaftstreue, Rechtstreue, Nächstenliebe, Hilfegemeinschaft und Barmherzigkeit gegenüber Armen und Schwachen [...].

Auch wenn die Konkretionen der biblischen Gerechtigkeit oft nicht direkt übertragen werden können, tragen sie ein utopisches Potential in sich, das zu neuen Handlungsoptionen provoziert. Die Schwäche des verantwortungsethischen Ansatzes ist es – so unumgänglich er ist –, bisher nicht gedachte Wege nicht imaginieren [sich ausdenken / vorstellen] zu können. Die Kraft der Utopie und utopischer Texte kann dazu helfen, neue Optionen überhaupt zu finden, durchzuspielen und zu erproben.

Die Erlassjahrkampagnen, die seit den 80er Jahren die gravierenden Missstände der internationalen Schuldenkrise in das Bewusstsein der Öffentlichkeit gebracht haben, konnten sich auf die biblischen Erlassjahrforderungen und die Bestimmungen zum Jobeljahr berufen. Anfangs als naiv belächelt könnte sich langsam die Einsicht durchsetzen, dass arme Länder einen begrenzten und geregelten Schuldenerlass erhalten müssen. Selbstverständlich sind die Missbrauchmöglichkeiten solcher Erlasse und ihre Wirkung auf zukünftiges Verhalten mit zu berücksichtigen. Die Notwendigkeit einer Entschuldung, das Recht auf eine zweite Chance für jeden Menschen, wurde in Deutschland auch im Insolvenzrecht für Privatpersonen entwickelt. Interessanter Weise kam hier der biblische Rhythmus zum Tragen: nach sechs Jahres des Wohlverhaltens ist eine Entschuldung und ein Neuanfang möglich.

Jochen Gerlach, Gerechtigkeit im Alten und Neuen Testament und sozialethische Konsequenzen für die Gegenwart, in: Hans G. Nutzinger (Hrsg.), Gerechtigkeit in der Wirtschaft – Quadratur des Kreises? Metropolis-Verlag Marburg 2006, S. 173–203, Zit. S. 199f.

Ökumenischer Rat der Kirchen (ÖRK): AGAPE

■ *Der 1948 gegründete Ökumenische Rat der Kirchen (ÖRK = World Council of Churches, WCC), ein Zusammenschluss von knapp 350 protestantischen, anglikanischen und orthodoxen Kirchen, mit Sitz in Genf, arbeitet seit Jahren an einer gemeinsamen Haltung zur wirtschaftlichen Globalisierung. Der hier abgedruckte Aufruf »Alternative Globalisierung im Dienst von Menschen und Erde – AGAPE« (Alternative globalization addressing people and earth) zeigt den Stand der kirchlichen Meinungsbildung.*

1. Beseitigung der Armut
Wir verpflichten uns erneut, durch die Entwicklung solidarischer Volkswirtschaften und überlebensfähiger Gemeinschaften für die Beseitigung von Armut und Ungerechtigkeit zu arbeiten. Wir werden von unseren Regierungen und den internationalen Institutionen verlangen, dass sie über die Umsetzung ihrer Verpflichtungen zur Armutsbeseitigung und zur Nachhaltigkeit Rechenschaft ablegen.

2. Handel
Wir verpflichten uns erneut, uns durch kritisches Hinterfragen von Freihandel und einschlägigen Verhandlungen für gerechte internationale Handelsbeziehungen zu engagieren und in enger Zusammenarbeit mit sozialen Bewegungen für faire, gerechte und demokratische Handelsabkommen einzutreten. [...]

4. Nachhaltige Nutzung von Land und natürlichen Ressourcen
Wir verpflichten uns erneut, uns an Aktionen zugunsten von nachhaltigen und gerechten Methoden der Nutzung und des Abbaus von Ressourcen zu beteiligen, in Solidarität mit indigenen Völkern, die versuchen, ihr Land, ihr Wasser und ihre Gemeinschaften zu schützen. Wir verpflichten uns erneut, den Konsumwahn in Wohlstandsgesellschaften zu hinterfragen, damit letztere sich zunehmend für Selbstbeschränkung und einen einfachen Lebensstil entscheiden. [...]

6. Menschenwürdige Arbeitsplätze, selbst bestimmte Arbeit und ein angemessener Lebensunterhalt
Wir verpflichten uns, mit sozialen Bewegungen und Gewerkschaften, die sich für menschenwürdige Arbeit und gerechte Löhne einsetzen, Bündnisse zu schließen.

7. Kirchen und die Macht des Imperiums
Wir verpflichten uns erneut, uns aus biblischer und theologischer Sicht über die Frage von Macht und Imperium Gedanken zu machen und aus unserem Glauben heraus gegen hegemoniale [Vorherrschaft ausübende] Mächte standhaft Stellung zu beziehen. Jede Macht ist Gott gegenüber rechenschaftspflichtig.

Aus: Frankfurter Rundschau, 03.04.2006, S. 7 (gekürzt). – http://www.wcc-assembly.info/ (homepage).

Ein Junge übt Salto auf einer Müllkippe in Manila, auf und von der er mit seiner Familie lebt. Foto: Reuters/Darren Whiteside.

Brot für die Welt: Es geht nicht um Almosen

■ *»Brot für die Welt«, die 1959 gegründete Hilfsaktion der evangelischen Landes- und Freikirchen in Deutschland, leistet in Afrika, Asien, Lateinamerika und Osteuropa Hilfe zur Selbsthilfe unter dem Motto: Den Armen Gerechtigkeit.*

»Unser Tägliches Brot gib uns heute« beten Christinnen und Christen mit Jesu Worten.
Für uns bedeutet das Wort Brot gerade auch heute mehr als Backwerk oder Nahrung. Es steht für alles Lebensnotwendige, über das alle Menschen in der Welt, also nicht nur wir selbst, sondern auch unsere Nächsten, verfügen sollen.
Das Tägliche Brot der Armen ist christliche Verpflichtung und entwicklungspolitische Zielsetzung zugleich. Denn Jesus sagt: »Was ihr getan habt einem unter diesen Geringsten, das habt ihr mir getan« (Mt 25,40).
Den Benachteiligten und sozial Ausgegrenzten ein Leben in Würde zu ermöglichen, ist unser Grundanliegen. Dabei geht es nicht um Almosen: Wir wollen den Menschen dabei helfen, ihr Schicksal selbst in die Hand zu nehmen. Deshalb führen wir selbst keine Projekte in den Ländern des Südens durch, sondern unterstützen Partner vor Ort bei ihrer Arbeit.

Brot für die Welt: Den Armen Gerechtigkeit, epd-Dokumentation Nr. 12/00. Evangelischer Pressedienst, Frankfurt a. M., S. 3 + 6, (gekürzt).

Ronja G.: Ich möchte ein Signal setzen …

Nach dem Abitur möchte ich nach Mexiko, San Cristobál de las Casas, um dort im Rahmen eines Freiwilligen Sozialen Jahres in einer Kindertagesstätte mit Kindern aus mittellosen indigenen Familien zu arbeiten. Da ich selbst das Glück hatte, ohne Probleme an Bildung zu kommen, möchte ich dieses Privileg weitergeben, um Kindern einen Weg aus der Armut zu ermöglichen. Ich will mich außerdem mit meinen tänzerischen, musikalischen und kreativen Fähigkeiten einbringen und so das Selbstwertgefühl und die sozialen Kompetenzen der Kinder stärken, ihnen die Möglichkeit geben, ihre Fähigkeiten und Talente zu entwickeln, und die Kinder mit Freizeitangeboten begeistern.
Die Kindertagesstätte sorgt nicht nur dafür, dass die Kinder zur Schule gehen, sondern fördert nachmittags sowohl das Wissen der Kinder als auch soziale Kompetenzen, Talente und Fähigkeiten. Die Kinder bekommen eine warme Mahlzeit, lernen Körperhygiene, und auch Spiele, Sport und Workshops sind Bestandteil des Programms.
Durch meine Arbeit will ich ein Signal setzen, dass es wichtig ist, sich für mehr Frieden und Gerechtigkeit in der Welt zu engagieren.

Quelle: Privat.

Stell dir vor: Was du an einem Tag für deine Zeitung ausgibst, muss der Hälfte der Menschen in der Welt einen Tag lang zum Leben reichen.
Stell dir vor, dein Wochenlohn überstiege nicht den Wert von einigen Glas Bier.
Stell dir vor, deine Familie müsste einen Monat lang von dem Geld leben, das man für eine CD bezahlen muss.
Du kannst dir das nicht vorstellen?
Millionen von Südamerikanern, Afrikanern und Asiaten müssen sich das nicht vorstellen.
Sie müssen so leben!

Aus einer Broschüre von Brot für die Welt

H Gerechtigkeit in Religionen und Kulturen

Einen »Clash of Civilizations« prognostizierte Samuel Huntington, ein US-amerikanischer Politologe, für das 21. Jahrhundert und forderte den Westen auf, in dieser Auseinandersetzung Stärke zu zeigen – sonst drohe ihm der Untergang. Der 11. September 2001 schien seine These für viele zu bestätigen. Doch warnen andere, die tief greifenden Spannungen und Konflikte auf der Welt in dieses einfache Schwarz-Weiß-Schema zu pressen und damit die Vielschichtigkeit von Problemlagen zu leugnen. Hier lässt sich fragen: Spielt nicht das Thema »Gerechtigkeit« und »gerechte Weltordnung« eine zentrale Rolle für eine gelingende Zukunft – denn die Ungerechtigkeiten auf der Welt sind einfach zu krass, als dass es dauerhaft Frieden geben könnte.
Im Gegensatz zu den auch religiös motivierten Konflikten auf der Welt hat ein »Parlament der Weltreligionen« versucht, ein gemeinsames »Weltethos« zu formulieren (Kap. 22). Welchen Beitrag können die einzelnen Religionen und Kulturen zur Ethik und Gerechtigkeit beisteuern (Kap. 23)? Und wie ist es um die Gerechtigkeit in der globalisierten Welt, also im global village, bestellt? (Kap. 24).

22. Weltethos

Orhan Pamuk: Sie sind Menschen, wir nur Muslime

■ *Der türkische Literaturnobelpreisträger (2006) Orhan Pamuk, geb. 1952, hat in seinem Roman »Schnee« anhand einer fiktiven Situation ein umfassendes Gesellschaftsbild seines Heimatlandes entworfen. In der im Nordosten der Türkei gelegenen, durch gewaltige Schneemassen vom Rest des Staates abgeschnittenen multiethnischen Kleinstadt Kars findet ein von den offiziellen Stellen geförderter Putsch statt, um einem wahrscheinlichen Sieg der »Islamisten« in den anstehenden Lokalwahlen zuvorzukommen. Die Gegner des Putsches, darunter neben »Islamisten« auch Demokraten und Linke, treffen sich heimlich, um eine Erklärung vorzubereiten, die in einer deutschen Zeitung veröffentlicht werden soll.*

»Ich bin zu diesem Treffen gegangen, um den Europäern zu beweisen, dass es auch in der Türkei Demokraten mit Gerechtigkeitsgefühl gibt«, sagte Turgut Bey.
»Die Herrschaften in Europa kümmern uns einen Dreck … Sie sollen mir nicht in der Sonne stehen, das reicht, würd ich zum Beispiel sagen … Aber wir leben sowieso in ihrem Schatten …« sagte Lapizlazuli [Anf. einer Islamisten-Gruppe].
»Ich gehe auf die Oberschule«, sagte ein Jugendlicher vom Kurdenverein. »Was ich sagen werde, ist ganz einfach«, sagte der leidenschaftliche Jugendliche. »Das soll die Zeitung in Deutschland drucken: Wir sind nicht dumm, wir sind bloß arm! Wir haben das Recht, auf dieser Unterscheidung zu bestehen.«
Von hinten wurde gefragt: »Wer sind denn bitte die, die Sie ›wir‹ nennen? Türken, Kurden, Aserbaidschaner, Tscherkessen, die Leute aus Kars …? Wer?«
»Denn das ist der größte Irrtum des Menschen«, fuhr der leidenschaftliche Jugendliche fort, »die größte, Tausende von Jahren alte Täuschung: Immer sind Armut und Dummheit verwechselt worden! […] Wenn ich nach Europa fahren würde, und sogar wenn sich dann der erste Europäer, dem ich auf der Straße begegnen würde, als guter Mensch herausstellte, dann würde ich doch denken, dass mich dieser Mann verachtet, weil er ein Westler ist, und das würde mich stören. Denn in Deutschland sind die Leute aus der Türkei auf den ersten Blick zu erkennen … Das einzige, was man tun kann, um nicht erniedrigt zu werden, ist, zu beweisen, dass man denkt wie sie. Das aber ist unmöglich und außerdem würdelos.«
»Wir können keine Europäer werden!« sagte ein anderer islamistischer Jugendlicher hochmütig. »Die Leute, die sich bemühen, uns ihr Modell aufzuzwingen, werden das am Ende mit Panzer und Gewehren vielleicht schaffen, wenn sie uns nur genug Gewalt antun. Aber unsere Seelen können sie nicht ändern.«
Der rotgesichtige Junge, der an der Tür stand, sprang nun vor und begann, ein Gedicht vorzutragen: Es begann: *›Europa, ach Europa / bleib du nur da, / Ich tue, was ich tu / Möchte nicht sein wie du!‹*
Der alte aserbaidschanische Journalist meinte: »Wir wollen nicht auf unser Türkentum und unsere Religion verzichten« und zählte dann ausführlich die Kreuzzüge, den Völkermord an den Juden, die in Amerika umgebrachten Indianer und die von den Franzosen in Algerien umgebrachten Muslime auf, worauf der Miesmacher in der Menge hinterhältig fragte: »Wo sind denn die Millionen von Armeniern in Kars und ganz Anatolien?« Der alles notierende Spitzel schrieb seinen Namen nicht auf, weil ihm der Mann leid tat.
Als der rotgesichtige Junge schweißüberströmt sein Gedicht beendete, über dessen Unsinnigkeit und Primitivität sich alle einig waren, applaudierten ihm einige Leute spöttisch. Es hieß, wenn dieses Gedicht in einer deutschen Zeitung veröffentlicht würde, könne es dazu führen, dass man sich noch mehr über ›uns‹ lustig machte. Und der kurdische Jugendliche mit dem Schwager in Deutschland beklagte sich: »Wenn die ein Gedicht schreiben oder ein Lied singen, sprechen sie im Namen der ganzen Menschheit. Sie sind Menschen, wir nur Muslime. Wenn wir etwas schreiben, ist es Volksdichtung.«

Orhan Pamuk: Schnee. Roman, aus dem Türkischen von Christoph K. Neumann, Fischer Taschenbuch Verlag, Frankfurt a.M. 2007, S. 327–336 (stark gekürzt).

Laurent Reynès: Perséides, (2006), in: Monsonturm, Frankfurt a. M. © Laurent Reynès.

Die »Goldene Regel« in den Weltreligionen

BUDDHISMUS
Ein Zustand, der nicht angenehm oder erfreulich für mich ist, soll es auch nicht für ihn sein; und ein Zustand, der nicht angenehm oder erfreulich für mich ist, wie kann ich ihn einem anderen zumuten?
Samyutta Nikaya V. 353.35–354.2

JUDENTUM
Tue nicht anderen, was du nicht willst, dass sie dir tun.
Rabbi Hillel, Sabbat 31a

CHRISTENTUM
Alles was ihr wollt, dass euch die Menschen tun, das tut auch ihr ihnen ebenso.
Matthäus 7,12; Lukas 6,31

Auf drei Dingen ruht die Welt:
Auf Gerechtigkeit, Wahrheit und Frieden.

Talmud, Awot 1,18

ISLAM
Keiner von euch ist ein Gläubiger, solange er nicht seinem Bruder wünscht, was er sich selber wünscht.
40 Hadithe (Sprüche Muhammads) von an-Nawawi 13

HINDUISMUS
Man sollte sich gegenüber anderen nicht in einer Weise benehmen, die für einen selbst unangenehm ist; das ist das Wesen der Moral.
Mahabharata XIII.114.8

JAINISMUS
Gleichgültig gegenüber weltlichen Dingen sollte der Mensch wandeln und alle Geschöpfe in der Welt behandeln, wie er selbst behandelt sein möchte.
Sutrakritanga I.11.33

CHINESISCHE RELIGION
Was du selbst nicht wünschst, das tue auch nicht anderen Menschen an.
Konfuzius, Gespräche 15,23

Parlament der Weltreligionen: Handle gerecht und fair!

■ *1993 verabschiedete in Chicago ein Parlament der Weltreligionen (Parliament of the World's Religions) eine Erklärung zum Weltethos, das zum ersten Mal in der Religionsgeschichte einen Basiskonsens zahlreicher Religionen im Bereich der Ethik (unter anderem zur Frage der Gerechtigkeit) formulierte.*

Verpflichtung auf eine Kultur der Solidarität und eine gerechte Wirtschaftsordnung
Ungezählte Menschen bemühen sich in allen Regionen und Religionen um Solidarität füreinander und um ein Leben in Arbeit und treuer Berufserfüllung. Und doch gibt es in der Welt von heute unendlich viel Hunger, Armut und Not. Schuld daran trägt nicht bloß der Einzelne. Schuld daran sind oft auch ungerechte gesellschaftliche Strukturen: Millionen von Menschen sind ohne Arbeit, Millionen werden durch schlecht bezahlte Arbeit ausgebeutet, an den Rand der Gesellschaft gedrängt und um ihre Lebenschancen gebracht. Ungeheuer sind in vielen Ländern die Unterschiede zwischen Armen und Reichen, zwischen Mächtigen und Ohnmächtigen.
A. Aus den großen alten religiösen und ethischen Traditionen der Menschheit aber vernehmen wir die Weisung: Du sollst nicht stehlen! Oder positiv: Handle gerecht und fair!
B. Wo äußerste Armut herrscht, da machen sich Hilflosigkeit und Verzweiflung breit. Dies aber führt zu einem Teufelskreis von Gewalt und Gegengewalt. Niemand täusche sich: Es gibt keinen Weltfrieden ohne Weltgerechtigkeit!
C. Deshalb sollten schon junge Menschen in Familie und Schule lernen, dass Eigentum, es sei noch so wenig, verpflichtet. Sein Gebrauch soll zugleich dem Wohl der Allgemeinheit dienen. Nur so kann eine gerechte Wirtschaftsordnung aufgebaut werden.
D. Doch wenn sich die Lage der ärmsten Milliarde Menschen auf diesem Planeten, darunter besonders die der Frauen und Kinder, entscheidend verändern soll, so müssen die Strukturen der Weltwirtschaft gerechter gestaltet werden. Individuelle Wohltätigkeit und einzelne Hilfsprojekte, so unverzichtbar sie sind, reichen nicht aus. Es braucht die Partizipation aller Staaten und die Autorität der internationalen Organisationen, um zu einem gerechten Ausgleich zu kommen.
Überall gilt: Wo die Herrschenden die Beherrschten, die Institutionen die Personen, die Macht das Recht erdrücken, ist Widerstand – wo immer möglich gewaltlos – angebracht.
E. Statt einer unstillbaren Gier nach Geld, Prestige und Konsum ist wieder neu der Sinn für Maß und Bescheidenheit zu finden! Denn der Mensch der Gier verliert seine »Seele«, seine Freiheit, seine Gelassenheit, seinen inneren Frieden und somit das, was ihn zum Menschen macht.

Hans Küng/Karl-Josef Kuschel (Hrsg.): Erklärung zum Weltethos. Die Deklaration des Parlamentes der Weltreligionen, Piper Verlag, München/Zürich, 2. Aufl. 1996, S. 31–34 (gekürzt).

Hans Küng: Eine Globalisierung des Ethos

■ *Der aus der Schweiz stammende katholische Theologe Hans Küng (geb. 1928) lehrte in Tübingen Dogmatik und nach Entzug der kirchlichen Lehrbefugnis ökumenische Theologie. Das von ihm betriebene Projekt »Weltethos« machte ihn weltweit bekannt. Im Folgenden ein Auszug aus einem Interview mit dem Südwestrundfunk:*

Ist [in den Unternehmen] ein Bedarf für global geltende ethische Richtlinien vorhanden? Oder tun Firmen nicht letztendlich doch das, was am meisten Gewinn abwirft?
Man hat lange Zeit behauptet, Gewinnmaximierung sei der Zweck eines Unternehmens.
Die Stiftung Weltethos hat im März 2001 in Baden-Baden ein Kolloquium über »Globale Unternehmen und globales Ethos« veranstaltet. Auf diesem Symposium hat kein einziger der hochrangigen Wirtschaftsführer den Standpunkt verteidigt, es gehe in den Unternehmen nur um Shareholder Value, was das Unternehmen für die Aktionäre an Gewinn abwirft. Sie sagten stattdessen durchweg, es gehe um die Stakeholders, also um alle, die eine »Stake«, einen Anteil, haben an diesem Unternehmen. Das sind natürlich in erster Linie Mitarbeiterinnen und Mitarbeiter in Produktion und Verwaltung. Das sind aber auch die Zuliefererfirmen, die Kunden und natürlich auch die Finanziers: ein höchst komplexes Gebilde also. Darauf muss ein Unternehmen Rücksicht nehmen. Und es kann im Grunde auch nicht anders. Einen anderen Kurs zu fahren, ist öfters versucht worden, aber das hat meistens sehr viel Geld gekostet. Selbst große Konzerne wie Shell mussten schließlich einsehen, dass sie nicht ohne Rücksicht auf die Bevölkerung und die Umwelt agieren können.

Ist die Perspektive des Weltethos für solche Unternehmen hilfreich?
Ethos ist überhaupt eine sehr hilfreiche menschenfreundliche Angelegenheit. Leider wurde es oft von Seiten der Kirchen in Form von Moralin verabreicht und wurde dann als etwas wahrgenommen, was die Menschen unterdrückt. Aber im Grunde ist Ethos so hilfreich wie bei einer kurvigen Bergstrecke die Leitplanken, die nicht einengen, sondern helfen sollen, dass man einigermaßen sicher hinauf- und herunterkommt. Auch für die Unternehmen sind ethische Regeln so etwas wie Leitplanken. […]
Man muss ganz prinzipiell feststellen: Wenn wir nur eine Globalisierung der Ökonomie, der Technologie und der Kommunikation und nicht auch eine Globalisierung des Ethos realisieren, dann haben wir keine Sicherheit, dass nicht das alles sich zum Schaden der Menschheit ausweitet.

Hans Küng: Wozu Weltethos? Religion und Ethik in Zeiten der Globalisierung. Im Gespräch mit Jürgen Hoeren, Herder Verlag, Freiburg i. Br., 2. Auflage 2006, S. 123–125 (leicht gekürzt).

Karl Ernst Nipkow:
Globale Ethik – pädagogisch korrigiert

■ *Karl Ernst Nipkow (geb. 1928), lange Zeit einer der führenden Religionspädagogen in der Bundesrepublik Deutschland, lehrte an der Universität Tübingen und war damit ein Kollege Hans Küngs. Er beschäftigte sich mit Fragen nicht nur der religiösen, sondern auch der allgemeinen und der ethischen Erziehung. Dabei stellte er an die Formulierung des »Weltethos« kritische Anfragen:*

Die Weltethos-Erklärung spricht die Sprache einer *Verantwortungsethik als Prinzipienethik*; sie betritt nicht das komplexe Feld der Situationsethik in Konflikten, bei denen ein komplexes Geflecht von Bedingungsfaktoren mitspielt. Die Praxis des Ethik- und Religionsunterrichts muss sich aber hier weiter vorwagen und *Entscheidungssituationen verantwortungs- und situationsethisch* aufschlüsseln.
Die Korrektur philosophisch-ethischer und theologischer Zielvorstellungen von Seiten der pädagogischen Praxis betrifft zweitens das *Verhältnis zwischen ethischen Forderungen und den Ressourcen zu ihrer Erfüllung*. Es wurde treffend bemerkt, dass positiv gefasste Menschenrechte und, so ergänzen wir, ähnlich positiv formulierte Verpflichtungen auf Mittel angewiesen sind, die man erst einmal besitzen und deren Einsatz einem »zumutbar« sein muss, um das auch zu tun, was man tun sollte.
Wie ist drittens *pädagogisch der Egoismus in Altruismus zu verwandeln?* »Egoismen jeder Art ... sind verwerflich«, heißt es in einer Allaussage in der Erklärung. Das ist ein hartes Urteil über die menschliche Natur. Nun ist der Mensch mehr als nur Natur, die moralisch blind ist. [...]

Paul Thek: Uncle Tom's Cabin with Tower of Babel (1976). Foto: Jon Etter, Zürich. Sammlung migros museum für gegenwartskunst, Zürich.

Was heißt das für die *Ziele des Ethik- wie des Religionsunterrichts,* das Verantwortungsgefühl durch interkulturelles Lernen ethisch und durch interreligiöses Lernen religiös *auszuweiten,* wobei *Reviergrenzen überschritten* werden müssen? Werden sich das altruistische Weltethos-Programm und die christliche Nächstenliebe-Programmatik auch an den religiösen und vor allem an den ökonomisch bedingten sozialen Grenzen zu anderen bewähren? Christian Vogel zitiert ein arabisches Sprichwort:
»Ich gegen meinen Bruder; ich und mein Bruder gegen unseren Vetter; ich, mein Bruder und mein Vetter gegen die, die nicht mit mir verwandt sind; ich, mein Bruder, mein Vetter und meine Freunde gegen unsere Feinde im Dorf; sie alle und das ganze Dorf gegen das nächste Dorf.«
Ist die »Erziehung zum Weltbürger« ein »Euphemismus« [beschönigendes, verschleierndes Wort] oder doch eine reale Chance?

Karl Ernst Nipkow, Bildung in einer Pluralen Welt, Bd. 2: Religionspädagogik im Pluralismus, Gütersloh 1998, S. 530–532 (gekürzt und leicht geglättet). © Gütersloher Verlagshaus in der Verlagsgruppe Random House, München.

Diejenigen, die nach dem Weltethos leben, brauchen es nicht. Und denjenigen, die nicht danach leben, bringt auch dieses geschriebene Papier nichts.

Äußerung aus einer Hauptschulklasse, die sich mit dem Weltethos beschäftigt hatte.

23. Religionen und Kulturen

Seine Heiligkeit der XIV. Dalai Lama: Das Wohl der anderen über unser eigenes stellen

■ *Der 14. Dalai-Lama (von mongol. Dalai = Ozean – des gelehrten Wissens – und tibet. bla-ma = der Obere), geb. 1935, ist das geistliche Oberhaupt des Lamaismus, des tibetischen Buddhismus, und war zugleich politisches Oberhaupt des von China besetzten Tibet. Er lebt im Exil in Indien und erhielt 1989 den Friedensnobelpreis.*

Unser Leben wird sinnlos, wenn wir den Wert der Gerechtigkeit und die Ethik verlieren. Wir alle haben das gleiche Recht darauf, nach Glück zu streben; niemand will Leiden und Schmerz. Gerechtigkeit und Gleichheit sind spezifisch menschliche Prinzipien. Wir sollten diese Prinzipien nicht unserem Streben nach Macht oder materiellem Reichtum opfern. Stattdessen sollten wir sie dafür einsetzen, die Interessen und Anliegen anderer zu unterstützen. Um dies zu tun, brauchen wir ein festes ethisches Fundament. Wenn uns kein ethisches und moralisches Verständnis leitet, so neigen wir dazu, in unserem Handeln nur unseren eigenen Interessen zu folgen – zum Nachteil anderer. Solches Verhalten ist das größte Hindernis für die Verwirklichung von Gerechtigkeit und Gleichheit. Heutzutage beschweren sich viele Menschen über den allgemeinen Verfall von Ethik und Moral in der Welt und führen die unzähligen Probleme, die wir derzeit haben, darauf zurück. Ich glaube, dass wir ethische Werte fördern müssen, wenn wir eine wirkungsvolle Veränderung in unserer Gesellschaft erreichen wollen.
Jeder Mensch profitiert davon, wenn wir das Wohl der anderen über unser eigenes stellen. Ich bin davon überzeugt, dass ein beharrliches Bemühen in diese Richtung Frieden und Stabilität in unsere Gesellschaft bringt.
Mitgefühl ist eine der essenziellen Grundlagen für ein sinnerfülltes Leben.
Durch Freundlichkeit, Zuneigung, Ehrlichkeit, Wahrheit und Gerechtigkeit gegenüber jedermann und jederfrau sichern wir unser eigenes Wohlergehen.
Auch wenn wir jede Religion, Ideologie und alle überlieferte Weisheit ablehnen, so können wir doch der Notwendigkeit für Liebe und Mitgefühl nicht ausweichen.

S. H. XIV. Dalai Lama: Ethik in unseren menschlichen Beziehungen, in: Die Macht der Würde. Globalisierung neu denken, im Auftrag des Dt. Evang. Kirchentages hrsg. von Ch. Quarch u.a., Gütersloh 2007, S. 15–18 Zit. S. 15f. (gekürzt). © Gütersloher Verlagshaus in der Verlagsgruppe Random House, München.

Daher, o Mönche, sollt ihr also üben: ›Gewinn, Ehre und Ruhm, die uns entstanden, wollen wir aufgeben, und nicht sollen Gewinn, Ehre und Ruhm, die uns entstanden, unser Herz umstrickend (und darin haften) bleiben!‹
So, wahrlich, o Mönche, sollt ihr üben!

Die Reden des Buddha, Gruppierte Sammlung: »Gewinn und Ehre«

D.B. Gupta: Vipassanã and Business

■ *Vipassanã (Pali), eine zentrale Form des buddhistischen Trainings von Herz und Geist, fasst verschiedene Praxistraditionen des frühen Buddhismus zusammen, in deren Zentrum die Schulung von Achtsamkeit steht. Das Vipassanã stellt neben dem Zen und dem tibetischen Buddhismus die dritte – weit weniger bekannte – Hauptströmung des Buddhismus im Westen dar. Der Buddhist und Wirtschaftsberater D.B. Gupta stellt im Folgenden die Vorteile des Vipassanã für Führungskräfte dar:*

At the experiential level, the major benefits derived are:
1. As more of the mind becomes conscious, one becomes more perceptive and better able to understand a wide variety of situations. In my personal experience, I have found solutions to many difficult problems by meditating.
2. By reducing craving and aversion, one is able to face situations in life more objectively, and thus improve the process of decision-making. It reduces irritation and disappointments under situations which would otherwise create pressure on the mind.
3. Business people, depending on the complexities of their work, generally have to face a lot of stress and strain. Such stress has an impact on physical health, and it is said that more than fifty percent of physical problems are psychosomatic in nature. As a side-effect of this meditation, physical health can be improved through the process of mind purification.

http://buddhismtoday.com/english/economics/004-business2.htm.

Der Koran: Der islamische Pflichtenkodex (Sure 17)

22 Setze Gott keinen anderen Gott zur Seite.
23 Und dein Herr hat bestimmt, dass ihr nur Ihm dienen sollt, und dass man die Eltern gut behandeln soll.
26 Und lass dem Verwandten sein Recht zukommen, ebenso dem Bedürftigen und dem Reisenden, aber handle nicht ganz verschwenderisch.
31 Und tötet nicht eure Kinder aus Furcht vor Verarmung.
33 Und tötet nicht den Menschen, den Gott für unantastbar erklärt hat, es sei denn bei vorliegender Berechtigung.
34 Und nähert euch nicht dem Vermögen des Waisenkindes, es sei denn auf die beste Art, bis es seine Vollkraft erreicht hat. Und erfüllt eingegangene Verpflichtungen.
35 Und gebt volles Maß, wenn ihr messt. Und wägt mit der richtigen Waage.
38 Das schlechte Verhalten in alledem ist bei deinem Herrn verpönt.

Koran, Sure 17,22–38. Zit nach: Der Koran. Übersetzt und kommentiert von Adel Theodor Khoury. Gütersloher Verlagshaus in der Verlagsgruppe Random House, München, Gütersloh 2007, S. 291f.

Reich ist, wer weiß, dass er genug hat.

Laotse, Philosoph

Bruce Chatwin: Spielsteine eines gigantischen Spiels

■ *Bruce Chatwin (1940–1989), britischer Weltreisender und Schriftsteller, hat in seinem Bestseller »Traumpfade« (»The Songlines«) die Kultur der Aborigines in Australien beschrieben.*

»Wenn A also Obst hatte«, sagte Flynn, »und B hatte Enten und C eine Ockergrube, dann gab es offizielle Regelungen für den Austausch dieser Waren und offizielle Routen, entlang denen gehandelt wurde.«

Was die Weißen »Buschwanderung« zu nennen pflegten, war in der Praxis eine Art Buschtelegraf plus Börse, bei der Botschaften zwischen Völkern ausgetauscht wurden, die einander nie sahen, die von der Existenz des anderen keine Ahnung haben mochten.

»Dieser Handel«, sagte er, »war kein Handel, wie ihr Europäer ihn versteht. Kein Geschäft, bei dem mit Profit gekauft und verkauft wurde! Der Handel unseres Volkes war immer symmetrisch.«

Aborigines waren allgemein der Ansicht, dass alle »Güter« potentiell schädlich waren und sich gegen ihre Besitzer richteten, sofern diese nicht ständig in Bewegung waren. Diese »Güter« mussten nicht unbedingt essbar oder nützlich sein. Die Menschen taten nichts lieber, als unnütze Dinge tauschen oder Dinge, die sie sich selbst beschaffen konnten: Federn, heilige Gegenstände, Schnüre aus Menschenhaar.

»Ich weiß«, unterbrach ich ihn. »Manche Völker handelten mit ihren Nabelschnüren.«

»Ich sehe, dass Sie die einschlägigen Bücher gelesen haben.«

»Tauschgüter«, fuhr er fort, »sollten eher als Spielsteine eines gigantischen Spiels angesehen werden, bei dem der ganze Kontinent das Spielbrett war und alle seine Bewohner Spieler. ›Güter‹ waren Absichtserklärungen: um wieder zu handeln, sich wieder zu treffen, die Grenzen festzusetzen, untereinander zu heiraten, zu singen und zu tanzen, um Schätze zu teilen und Gedanken auszutauschen.«

Eine Muschel konnte von einer Hand zur andern gehen, von der Timorsee bis zur Großen Bucht, über »Straßen«, die seit Anbeginn der Zeit überliefert worden waren. Diese »Straßen« folgten der Linie unversiegbarer Wasserlöcher. Die Wasserlöcher selbst waren Zeremonienzentren, wo sich Männer verschiedener Stämme versammelten.

»Wollen Sie sagen, dass eine Handelsstraße immer an einer Songline entlangführt?«

»Die Handelsstraße ist die Songline«, sagte Flynn. »Denn Lieder und nicht Dinge sind Hauptgegenstand des Tauschens. Der Handel mit ›Dingen‹ ist eine Begleiterscheinung des Handels mit Lieder.«

»Bevor die Weißen kamen«, fuhr er fort, »war niemand in Australien ohne Land, denn jeder erbte als seinen oder ihren privaten Besitz ein Stück vom Lied des Ahnen und ein Stück von dem Land, über das das Lied führte. Die Strophen eines Menschen waren seine Besitzurkunde für sein Territorium. Er konnte sie an andere ausleihen. Er konnte sich seinerseits Strophen borgen. Nur verkaufen oder loswerden konnte er sie nicht.«

Tiertraumbilder der Aborigines. Foto: Hermes/laif.

Bruce Chatwin: Traumpfade. The Songlines, Roman, übers. von Anne Kamp, © Carl Hanser Verlag, München 1990. Zit. nach der Süddeutschen Zeitung Bibliothek-Ausgabe, S. 73f.

Mahatma Gandhi: Das höchste Gut des Lebens

■ *Mohandas Karamchand, genannt Mahatma [Sanskrit: »dessen Seele groß ist«] Gandhi (1869–1948), Rechtsanwalt und Freiheitskämpfer, führte Indien durch Aktionen des gewaltlosen Widerstandes in die Unabhängigkeit.*

Alles, was mit und um uns erscheint und geschieht, ist unsicher, flüchtig. Aber dahinter ist als Sicherheit ein höchstes Wesen verborgen. Und wer gesegnet ist, der vermag einen Schimmer dieser Sicherheit zu erhaschen und den Karren seines Daseins daran zu hängen. Die Suche nach dieser Wahrheit ist das Summum Bonum [höchste Gut] des Lebens.

M. K. Gandhi: Eine Autobiographie oder die Geschichte meines Experiments mit der Wahrheit, Verlag Hinder & Deelmann, Gladenbach 1977.

> Die Welt hat genug für jedermanns Bedürfnisse, aber nicht genug für jedermanns Gier.
>
> *Mahatma Gandhi*

24. Global village

Samuel P. Huntington: The Clash of Civilizations

■ *Samuel Phillips Huntington (geb. 1927), Professor für Politikwissenschaft an der Harvard University, machte 1996 mit der viel beachteten, aber auch sehr umstrittenen These von sich reden, die Konflikte zwischen den unterschiedlichen Kulturen (unter anderem der westlich-christlich und der islamischen Welt) könnten im 21. Jahrhundert im »Clash of Civilisations« in Weltkriege neuer Dimension münden – wogegen sich der Westen wappnen und wehren müsse.*

Recht und Ordnung sind die erste Vorbedingung einer Zivilisation, und in vielen Teilen der Welt – Afrika, Lateinamerika, der früheren Sowjetunion, Südasien, dem Nahen Osten – scheinen sie sich aufzulösen, aber auch in China, Japan und im Westen in schwere Bedrängnis zu geraten. Weltweit scheint die Zivilisation in vieler Hinsicht der Barbarei zu weichen, und es entsteht die Vorstellung, dass über die Menschheit ein beispielloses Phänomen hereinbrechen könnte: ein diesmal weltweites finsterstes Mittelalter. [...]

In der heraufziehenden Ära sind Kämpfe zwischen Kulturen die größte Gefahr für den Weltfrieden, und eine auf Kulturen basierende internationale Ordnung ist der sicherste Schutz vor einem Weltkrieg. Die Zukunft des Friedens und der Zivilisation hängt davon ab, dass die führenden Politiker und Intellektuellen der großen Weltkulturen einander verstehen und miteinander kooperieren. Im Kampf der Kulturen werden Europa und Amerika vereint marschieren müssen oder sie werden getrennt geschlagen. In dem größeren Kampf, dem globalen »eigentlichen Kampf« zwischen Zivilisation und Barbarei sind es die großen Weltkulturen mit ihren großen Leistungen auf dem Gebiet der Religion, Kunst und Literatur, der Philosophie, Wissenschaft und Technik, der Moral und des Mitgefühls, die ebenfalls vereint marschieren müssen, da auch sie sonst getrennt geschlagen werden.

Samuel P. Huntington: Der Kampf der Kulturen / The Clash of Civilizations. Die Neugestaltung der Weltpolitik im 21. Jahrhundert, Europaverlag München / Wien, 4. Aufl. 1997, S. 530f.

Amartya Sen: Einen »Kampf der Kulturen« gibt es nicht

■ *Der indische Volkswirtschaftler Amartya Kumar Sen (geb. 1933), Professor in Indien, den USA (u. a. Harvard University) und England (Oxford und Cambridge), erhielt 1998 den Nobelpreis für Wirtschaftswissenschaften. Im Folgenden äußerte er sich in einem Interview kritisch zur These vom »Kampf der Kulturen«.*

Herr Sen, Samuel Huntington prophezeite einen Krieg der Kulturen. Sie sagen, es gebe keinen solchen Krieg und die Annahmen, auf denen diese These basiert, seien falsch. Gibt es nun so etwas wie einen Clash of Civilizations zwischen dem Westen und dem Islam?

Ich bin tatsächlich überzeugt, dass die These eines »Clash of Civilizations« grundsätzlich falsch und missverständlich ist. Erstens es ist doch sehr schwer einzusehen, warum wir jemanden gänzlich oder primär als Mitglied einer so genannten Zivilisation ansehen sollen, die sich ausschließlich durch die Religion definiert – oder, um in Huntingtons Kategorien zu bleiben, als Mitglied der »islamischen Welt«, der »westlichen Welt« oder der »buddhistischen Welt«. So reduziert man Menschen auf diese eine Dimension – in diesem Fall auf ihre Religionszugehörigkeit.

Das zweite Missverständnis liegt in der Annahme, dass, wenn Menschen zu unterschiedlichen Gemeinschaften zählen, sie einander feindlich gesonnen sein müssen. Das ignoriert vollständig, wie der Austausch von Menschen und Ideen und die Interaktion zwischen Kulturen die Welt bereichert hat.

In der Geschichte jeder Weltreligion findet sich eine große Vielfalt. Akbar und Aurangzeb waren zwei muslimische Herrscher in der Moghul-Dynastie in Indien. Aurangzeb versuchte resolut, Hindus zu Muslimen zu konvertieren. Der Großmogul Akbar dagegen war stolz auf seinen multiethnischen Hof und seine pluralistischen Gesetze und gab offizielle Bekanntmachungen aus, »dass niemand in Bezug auf seine Religion beeinträchtigt werden darf, und es jedermann gestattet ist, zu der Religion zu wechseln, die ihm gefällt«.

Würde man eine einheitliche Sicht auf den Islam anstreben, könnte nur einer von ihnen – Aurangzeb oder Akbar – als wahrer Muslim gelten.

Aus: Frankfurter Rundschau vom 30. 11. 2007, S. 34 (gekürzt).

Es geht nicht einfach um den so genannten Interreligiösen Dialog – so als ob »die Religionen« selbstverständlich gegeben wären und man nur ihre Originalschriften miteinander vergleichen müsste. Auch in ihnen finden sich widerstreitende Elemente, die entsprechend von den verschiedenen »Theologien« für ihre Darstellung hervorgehoben oder unterdrückt werden. Und die Geschichte und Gegenwart aller Religionen zeigen erschreckende Beispiele für das Umfunktionieren der heiligen Schriften zur Rechtfertigung von Machtsystemen. Deshalb kann ein »Dialog« nur wirklich geführt werden, wenn alle Seiten bereit zur Selbstkritik sind. Unter dieser Voraussetzung aber ist ein solcher Dialog schlechthin lebensnotwendig für die Rettung der Menschheit und der Erde.

Der Theologieprofessor Ulrich Duchrow gemeinsam mit einer Gruppe weiterer Theologen

Salvador Dalí: Die Apotheose des Dollar. © Fundació Gala – Salvador Dalí/VG Bild-Kunst, Bonn 2008.

Norbert Bolz: Geld – das faszinierendste aller Medien

■ *Der Medienwissenschaftler Norbert Bolz (geb. 1953; siehe auch Seite 65) verfasste ein viel beachtetes Werk »Das Konsumistische Manifest«. (Der Titel ist in Anklang und Gegensatz zu Marx/Engels »Kommunistischem Manifest«, siehe Seite 23, formuliert.)*

Die grundsätzliche Abstraktheit von Geldgeschäften wird durch die neuen Technologien der Telekommunikation noch erheblich gesteigert. Man spricht heute in diesem Zusammenhang von »Softnomics« und meint damit die neue Computerwirklichkeit des Welt-Geldes. […]
Man könnte deshalb sagen: Auf der obersten Wirtschaftsebene gibt es Geld nur noch im Aggregatzustand von weltumspannenden Datenflüssen – also in den Computern der Finanzmetropolen. Täglich werden annähernd 1000 Milliarden Dollar umgeschlagen. 90% der Finanztransaktionen an den Weltbörsen hat aber mit dem wirklichen Warenfluss nichts mehr zu tun. Die Weltbörsen bilden also schon heute einen Cyberspace des Kapitals, in dem virtuose Datenspieler ihre Einsätze machen. In diesem Handel mit der Zukunft hat die Welt der Wirtschaft eine Komplexität erreicht, die mit der traditionellen Vorstellung, das Geld sei nur der »Satellit der Ware«, einfach nicht mehr zu fassen ist. Das macht schon das Verhältnis von Investition zu Spekulation deutlich – 1:10. […]
Doch gleichgültig, ob man Geld als Mammon verteufelt oder als Lebenssinnersatz häuft – es ist unstrittig das prominenteste und faszinierendste aller Medien. Das hat schon oft zu der Vermutung verführt, die Wirtschaft beherrsche die ganze Welt. Das trifft aber nicht zu. Geld ist universal, aber eben auch nur spezifisch verwendbar – nämlich in der Wirtschaft. Es ist weder total, noch absolut. Deshalb kann man nicht sagen, Geld sei, was die Welt im Innersten zusammenhält. Und das ist natürlich, zumindest für Romantiker wie mich, eine gute Nachricht. Man kann Messen lesen lassen, aber nicht das Seelenheil kaufen; man kann Forschung subventionieren, aber nicht Wahrheit kaufen; man kann Bafög zahlen, aber keine Lernbereitschaft kaufen; man kann Politiker korrumpieren, aber nicht Macht kaufen. Und man kann Frauen kaufen, aber nicht Liebe.

Norbert Bolz: Das konsumistische Manifest, Wilhelm Fink Verlag München 2002, S. 84f.; 87f.

»But Money, of course, is never just money. It is always something else, and it is always something more, and it always has the last word.«

Der US-amerikanische Schriftsteller Paul Auster

Friedhelm Hengsbach: Nachbarn im »Global Village«

■ *Friedhelm Hengsbach, geb. 1937, Jesuiten-Pater und emeritierter Professor für Wirtschafts- und Gesellschaftsethik in Frankfurt a. M., einer der führenden katholischen Sozialethiker Deutschlands, legte Jesu Erzählung von Lazarus (Lk 16,19–31) so aus:*

Vor der Tür des Reichen liegt ein armer Mann
Der reiche und der arme Mann sind Bewohner eines Dorfes, Nachbarn im »global village«. Hinter der Tür breitet sich unvorstellbarer Reichtum aus. 20% der Weltbevölkerung verfügen über 80% des Welteinkommens und beanspruchen 80% der weltweiten Ressourcen, sie beherrschen das Welthandels- und Weltwährungssystem und entscheiden über den Zugang zu den Kapitalmärkten. Nur eine Tür trennt die Bewohner des Weltdorfes voneinander. Aber diese Tür schließt aus. Sie markiert den Riss, den Skandal der ungleichen Verteilung des globalen Reichtums. Lazarus ist die Mehrheit der Weltbevölkerung, denen der Zugang zum Trinkwasser, zu den Bildungseinrichtungen, zu einem Arbeitsplatz und zur Beteiligung an politischen und wirtschaftlichen Entscheidungen versperrt bleibt.

Die Hunde lecken an seinen Geschwüren
Die Hunde sind die schöne heile Welt der Fernsehserien, die den Armen die Konsumstandards der Reichen vermitteln. Die Deviseneinnahmen aus dem Dritte-Welt-Tourismus. Die Ablagerung von Sondermüll, die Rüstungsexporte, Entwicklungshilfe und die neuesten Techniken. Die Ermutigung, es den reichen Industrienationen und den Schwellenländern nachzutun. Und schließlich die Kredite, um die Energieversorgung mit gigantischen Kernkraftwerken oder Staudämmen zu sichern. Die Hunde sind auch die Einrichtungen der Entwicklungshilfe, die kirchlichen Hilfswerke Misereor, Brot für die Welt, Adveniat, Renovabis. Die Hunde lecken an den Geschwüren des Lazarus. Aber sie halten ihn auch in Schach, dass er sich nicht gegen den Lebensstil und die Wirtschaftsform der Reichen auflehnt.

Es fällt nichts vom Tisch des Reichen
Der Blick auf den wunden Lazarus ist den Reichen verstellt durch ihr Vermögen, die Tür und die Hunde. Sie halten sich die arme Weltbevölkerung vom Leib. Sie führen Standortdebatten um die eigene Wettbewerbsschwäche, machen sich fit für die Herausforderung der südostasiatischen Märkte. Sie stehen dem versunkenen Kontinent Afrika beziehungslos gegenüber, sind jedoch ausschließlich mit eigenen Problemen der Arbeitslosigkeit, der Konsolidierung öffentlicher Haushalte und der Entwicklung der Aktienkurse beschäftigt. Sie halten Lazarus ausgesperrt.

Der Abgrund ist tief und unüberwindbar
Lazarus und den reichen Mann trennt mehr als eine Tür. Niemand kann von hier nach dort und von dort hierhin, selbst wenn er wollte. Man muss nicht das Jenseits bemühen, in dem sich die Beziehungslosigkeit zwischen Lazarus und dem reichen Mann verfestigt. »Schon jetzt« scheinen die Brücken der Verständigung endgültig eingerissen. Die Reichen haben wohl keine Chance, der ausweglosen Lage zu entrinnen. Sollte ein Versuch gelingen, Notbrücken zu bauen?

Friedhelm Hengsbach: Die andern im Glück. Christliche Gesellschaftsethik in den Zeiten der Globalisierung, Wissenschaftliche Buchgesellschaft, Darmstadt 2001, S. 146–148.

Meiner Meinung nach ist das wichtigste Gleichnis der reiche Prasser, der sich vollgefressen hat wie ein Schwein und den andern nicht einmal ein Brosämchen gegeben hat, weil das all das Schlimme bedeutet, was auf der Erde getan wird.

Aus einem Schulaufsatz eines neapolitanischen Kindes

Ernesto Cardenal:
Das Evangelium der Bauern von Solentiname

■ *Ernesto Cardenal (geb. 1925), Priester, Dichter und zeitweilig Kulturminister von Nicaragua, protokollierte in einem weltweit bekannt gewordenen Buch gemeinsame Bibelauslegungen der Bauern von Solentiname, einer Insel im riesigen Nicaraguasee.*

Selig sind, die um der Gerechtigkeit willen verfolgt werden, denn das Himmelreich ist ihrer.
Tomás Peña sagt mit seiner großen Einfachheit: – Ich verstehe das so, also, wie soll ich das sagen, dass die Armen eine große Erleichterung spürten, als Christus zu ihnen kam. Bis dahin fühlten sie sich im Stich gelassen: Die Reichen waren reich, sie aber waren arm und hatten keine Aussicht. Und so fühlten sie sich getröstet, als Christus kam. Je ärmer wir also sind und je mehr wir leiden, desto glücklicher müssen wir sein, weil wir für dieses Reich ausgewählt sind, meine ich, nicht wahr? Aber andere denken anders, und ich weiß nicht, ob das richtig ist. Nicht, dass wir dieses Buch hier verdrehen, nicht wahr?
Und Felipe, sein Sohn: – Gut, es kann ein Trost für die Armen sein, sich für das Reich Gottes auserwählt zu wissen. Aber wir dürfen auch nicht vergessen, dass Christus nicht will, dass die Menschen sich untereinander ausbeuten. Er ist gekommen, um die Menschen zu befreien, damit die Welt nicht weiter in Arme und Reiche aufgeteilt ist. Und er will auch nicht, dass wir alle arm sein sollen. Wir können uns also über dieses Versprechen, dass das Reich Gottes zu uns kommt, freuen, aber wir können nicht zufrieden sein, bis es wirklich da ist.

Ernesto Cardenal: Das Evangelium der Bauern von Solentiname. Gespräche über das Leben Jesu in Lateinamerika, Peter Hammer Verlag Wuppertal 1980, S. 121.

Gleichwie Gewächs aus der Erde wächst und Same im Garten aufgeht, so lässt Gott der HERR Gerechtigkeit aufgehen.

Jesaja 61,11

Hans-Georg Hofmann: Komplexe Zeichen (1994). © VG Bild-Kunst, Bonn 2008.

Jorge Mayet: Zwischen zwei Inseln, Installation. Foto: Oliver Berg/dpa.

Juli Zeh: Das Prinzip Gregor

■ *Juli Zeh, geb. 1974, deutsche Schriftstellerin, lebt in Leipzig und Zagreb.*

Früher gab es Gregor. Auf die Frage, was er seinem Studium der Betriebswirtschaft abgewinnen könne, pflegte er zu antworten: Ich will eine goldene Kreditkarte mit meinem Namen darauf und einen Porsche 911 mit einer blonden Frau darin. Das Prinzip Gregor war in der kleinen Universitätsstadt stark vertreten: Seine Anhänger waren notorisch gut gekleidet und schon vor Markttauglichkeit des ersten Mobiltelefons in der Lage, jedes Caféhaus in das Büro einer Unternehmensberatung zu verwandeln, indem sie sich einfach nur hinsetzten.
Es war nicht schwierig, Gregor unerträglich zu finden. Ein materialistischer Mensch in einer materialistischen Welt, ohne Begeisterung, ohne Ideen und Werte. Wenigstens machte er keinen Hehl aus seinem umfassenden Desinteresse gegenüber Dingen, deren monetärer Gegenwert im Unklaren liegt.
Zum Prinzip Gregor gehörte auch Füsser. Er war die andere Seite der Medaille. Füsser wusste nicht, ob er das Philosophiestudium in Tübingen beginnen sollte, der Wissenschaft zuliebe, oder wegen des Biers in Köln. Seine Bücher bewahrte er in Haufen auf dem Boden auf, weil er in Regalen nichts wiederfand. Füssers Freunde waren zu dick oder zu dünn und mochten Geld, wenn es in einen Zigarettenautomat passte. Ihr geisteswissenschaftliches Studium betrachteten sie als perfekte Vorbereitung auf die Arbeitslosigkeit: Man lernte, mit freier Zeiteinteilung, innerer Leere und sozialer Degradierung zurechtzukommen.
Gregor und Füsser begegneten sich nie, weil der eine aufstand, wenn der andere zu Bett ging – die Natur hatte ihnen unterschiedliche Lebensräume geschaffen. Trotzdem ähnelten sie sich wie die entgegen gesetzten Enden einer Fahnenstange. Beide begehrten auf unterschiedliche Weise dieselbe Sache: Gregor die Anwesenheit, Füsser die Abwesenheit von möglichst viel Geld.
Nina und Nele waren mit beiden befreundet. Sie studierten Jura, weil man damit »alles Mögliche« machen kann, und Geld war ihnen egal, solange die Rotweinbestände gut gefüllt und Secondhand-Läden samstags bis 16 Uhr geöffnet waren.

Juli Zeh: Das Gregor-Prinzip. Essay, in: DER SPIEGEL 45/2002 vom 04.11.2002, S. 184.

Doch ist ja Gottes Hilfe nahe denen, die ihn fürchten,
dass in unserem Lande Ehre wohne;
dass Güte und Treue einander begegnen,
Gerechtigkeit und Friede sich küssen;
dass Treue auf der Erde wachse
und Gerechtigkeit vom Himmel schaue.

Psalm 85,10–12